Cómo orar

Cómo orar

Lo que la Biblia nos dice sobre
la oración genuina y efectiva

REUBEN A. TORREY

Nos encanta oír de nuestros lectores. Por favor, contáctenos por www.anekopress.com/questions-comments si tiene cualquier pregunta, comentario o sugerencia.

Cómo orar – Reuben A. Torrey

© 2024 por Aneko Press

Copyright© de traducción al español 2024.

Primera edición 1900.

Diseño de portada: J. Martin

Traducido por: K. Förster Handley

Editado por: A. Nieto

Aneko Press

www.anekopress.com

Aneko Press, Life Sentence Publishing y nuestros logos son marcas registradas de Life Sentence Publishing, Inc.
203 E. Birch Street
P.O. Box 652
Abbotsford, WI 54405

RELIGIÓN / Vida cristiana / Oración

ISBN de tapa blanda: 979-8-88936-425-2

ISBN de la versión electrónica: 979-8-88936-426-9

10   9   8   7   6   5   4   3   2   1

Disponible donde se venden libros

Contenido

Capítulo 1

La importancia de la oración

En Efesios 6:18 leemos palabras que señalan la enorme importancia de la oración con una fuerza impactante y sobrecogedora: *Con toda oración y súplica oren en todo tiempo en el Espíritu, y así, velen con toda perseverancia y súplica por todos los santos.*

Cuando nos detenemos a evaluar el sentido de estas palabras y observamos la conexión con el contexto, el hijo de Dios con inteligencia se ve impulsado a decir: "Debo orar, orar, orar. Tengo que poner toda mi energía y todo mi corazón en la oración. Haga lo que haga, tengo que orar".

La versión Reina Valera 1960 lo expresa, si es posible, de modo más impactante: *orando en todo tiempo con toda oración y súplica en el Espíritu, y velando en ello con toda perseverancia y* súplica *por todos los santos.*

Notemos los "todos": *todo tiempo, toda oración, toda perseverancia, por todos los santos*. Observemos cómo se suman las palabras potentes: *oración, súplica, perseverancia*. Y notemos también la fuerza de la expresión *velad*, o *velando* que en sentido más literal es "permaneciendo despiertos". Pablo conocía la holgazanería natural del ser humano y en especial su natural holgazanería en cuanto a la oración. ¡Muy pocas veces oramos con perseverancia! Son muchas las ocasiones en que las iglesias y las personas llegan justo al borde de una gran bendición en la oración y luego abandonan, sienten sueño y ya no oran. Mi deseo es que las palabras "permaneciendo despiertos para orar" se graben a fuego en nuestros corazones. Que todo el versículo quede marcado a fuego en nuestros corazones.

Pero ¿por qué es tan necesaria esta victoriosa oración constante, persistente, en vigilia?

Ante todo, porque existe el diablo. Él es astuto, tiene poder, no descansa nunca y siempre está pergeñando formas de derribar a los hijos de Dios, y si los hijos de Dios son flojos en la oración, el diablo logrará su cometido de hacerles caer en sus trampas.

Esa es la idea del contexto de nuestro pasaje de las Escrituras. Efesios 6:12 dice: *Porque nuestra lucha no es contra sangre y carne, sino contra principados, contra potestades, contra los poderes de este mundo de tinieblas, contra las fuerzas espirituales de maldad en las regiones celestes*. En el versículo siguiente leemos:

Por tanto, tomen toda la armadura de Dios, para que puedan resistir en el día malo, y habiéndolo hecho todo, estar firmes. Luego sigue una descripción de las diferentes partes de la armadura del cristiano, de aquello que tenemos que tomar y usar para poder resistir al diablo y su poder para pergeñar planes de maldad. En el versículo 18 Pablo lo lleva todo a su punto de culminación, diciéndonos que a todo lo demás tenemos que agregarle la oración constante, persistente, incansable, en vigilia y en el Espíritu Santo, porque de otro modo todo lo que hagamos será en vano.

La segunda razón de esta oración constante, persistente, en vigilia y vencedora es que la oración es la forma designada por Dios para obtener las cosas y la falta de oración es el motivo principal de lo que nos falta en nuestra experiencia, en nuestra vida y nuestra obra.

Santiago lo señala con fuerza en su epístola cuando dice: *No tienen, porque no piden.* (Santiago 4:2). Esas palabras contienen la razón de la pobreza y de la impotencia del cristiano promedio: la poca oración.

Muchos cristianos preguntan:

— ¿Por qué es que avanzo tan poco en mi vida cristiana?

— Por falta de oración — responde Dios. — *No tienen, porque no piden.*

Muchos pastores preguntan:

— ¿Por qué es que veo tan pocos frutos de mis esfuerzos?

— Por falta de oración — responde Dios. — *No tienen, porque no piden.*

Muchos maestros de escuela dominical preguntan:

— ¿Por qué veo que se convierten tan pocos en mis clases de escuela dominical?

— Por falta de oración — responde Dios. — *No tienen, porque no piden.*

Y los pastores y congregaciones se preguntan:

— ¿Por qué es que la iglesia de Cristo avanza tan poco en contra de la incredulidad, el error, el pecado y lo mundano?

Una vez más, oímos que Dios responde:

— Falta de oración. *No tienen, porque no piden.*

La tercera razón de esta oración constante, persistente, de vigilia y vencedora es que esos hombres como el apóstol Pablo, a quienes Dios presentó como patrón de lo que Él espera que sean los cristianos, consideraban que la oración era el asunto más importante de sus vidas.

Cuando las crecientes responsabilidades de la iglesia primitiva se iban sumando sobre sus hombros, *convocaron a la congregación de los discípulos, y dijeron: "No es conveniente que nosotros descuidemos la palabra de Dios para servir mesas. Por tanto, hermanos, escojan de entre ustedes siete hombres de buena reputación, llenos del Espíritu Santo y de sabiduría, a quienes podamos encargar esta tarea. Y nosotros nos entregaremos a la oración y al ministerio de la palabra"* (Hechos 6:2-4).

De lo que Pablo escribió acerca de orar por las

iglesias y las personas es evidente que dedicaba gran parte de su tiempo, energías y pensamientos a la oración (ver Romanos 1:9; Efesios 1:15-16; Colosenses 1:9; 1 Tesalonicenses 3:10; 2 Timoteo 1:3).

Todos los grandes hombres de Dios fuera de los de la Biblia han sido hombres de oración. Entre ellos había muchas cosas que los diferenciaban, pero se parecían en que fueron hombres de oración.

Hay, sin embargo, una razón de mayor peso para esta oración constante, persistente, de vigilia y vencedora. Y es que la oración ocupó un lugar muy prominente, con un papel muy importante en la vida de nuestro Señor aquí en la tierra.

Por ejemplo, veamos Marcos 1:35, donde leemos: *Levantándose muy de mañana, cuando todavía estaba oscuro, Jesús salió y fue a un lugar solitario, y allí oraba.* El día anterior había sido muy intenso, excitante, pero Jesús acortó las horas del necesario sueño para poder levantarse temprano y entregarse a la tan necesaria oración.

Vayamos a Lucas 6:12, donde leemos lo siguiente: *En esos días Jesús se fue al monte a orar, y pasó toda la noche en oración a Dios.* A veces nuestro Salvador hallaba necesario pasar la noche entera en oración.

Las palabras "orar" y "oración" se usan al menos veinticinco veces en relación con nuestro Señor en el breve registro de Su vida que aparece en los cuatro Evangelios, y allí donde no aparecen esas palabras se menciona que Él oraba. Es evidente que Jesús dedicaba gran parte de Su tiempo y energías a la oración, y el hombre o la mujer que no dedican mucho tiempo a la oración no pueden bien llamarse seguidores de Jesucristo.

Hay otra razón para la oración constante, persistente, en vigilia, vencedora que — si es posible— parece más potente que la razón anterior: orar es la parte más importante del ministerio actual de nuestro Señor resucitado.

El ministerio de Cristo no se cerró con Su muerte. Su obra de propiciación sí se completó en ese momento, pero cuando Él resucitó y ascendió a la diestra del Padre, entró en otra obra por nosotros, tan importante en su lugar como Su obra de propiciación. No se la puede separar de Su obra de propiciación. La oración de intercesión, el orar por los otros, se apoya en Su obra de propiciación como base, pero es necesaria para nuestra completa salvación.

De esta gran obra actual mediante la cual Jesús completa nuestra salvación se nos dice en Hebreos 7:24: *Por lo cual Él también es poderoso para salvar para siempre a los que por medio de Él se acercan a Dios, puesto que vive perpetuamente para interceder por ellos.* Este versículo nos dice que Jesús tiene la capacidad de salvarnos *para siempre*, y no solamente por completo, sino también perpetuamente. Jesús tiene poder para salvarnos por completo y en absoluta perfección porque no solamente murió, sino que también *vive para siempre*. El versículo también nos dice con qué propósito vive Él ahora: *para interceder* por nosotros. Para orar. Orar es lo principal que hace Cristo ahora. Por Sus oraciones nos está salvando.

Encontramos lo mismo en el notable y triunfante desafío de Pablo en Romanos 8:34: ¿Quién es el que condena? Cristo Jesús es el que murió, sí, más aún, el que resucitó, el que además está a la diestra de Dios, el que también intercede por nosotros.

Para nuestra comunión con Jesucristo en Su obra actual, nosotros tenemos que pasar mucho tiempo en oración. Tenemos que entregarnos a la oración sincera, constante, persistente, en vigilia, vencedora. No conozco nada que haya dejado en mí tal impacto de la importancia de orar en todo momento y estar constantemente en oración como el pensar que hoy esa es la ocupación principal de mi Señor resucitado. Quiero estar en comunión con Él y por eso le he pedido al Padre que más allá de lo que Él haga de mí, me haga un intercesor en todo momento, que me convierta en un hombre que sepa cómo orar y que pasa mucho tiempo en oración.

Este ministerio de intercesión es un glorioso y potente ministerio del que todos podemos participar. El hombre o la mujer que no puedan asistir a una reunión de oración en la iglesia pueden igualmente participar de este ministerio de intercesión. La mujer que se gana la vida limpiando oficinas puede participar, puede ofrecer oraciones por los santos, por su pastor, por los que no son salvos y por los misioneros en lugares lejanos, y todo mientras está limpiando. El hombre de negocios que está muy ocupado puede participar, orando mientras trabaja aquí y allá acudiendo a diferentes citas. Por supuesto, si queremos mantener este espíritu de constante oración debemos hacernos de tiempo, y mucho, cuando nos encerramos en el lugar secreto a solas con Dios, para orar y no hacer otra cosa más que orar.

La sexta razón para la oración constante, persistente, en vigilia y vencedora es que la oración constituye el medio que Dios ha designado para que recibamos misericordia y obtengamos la gracia de la ayuda en momentos de necesidad. Hebreos 4:16 es uno de los versículos más dulces y simples de la Biblia: *Por tanto, acerquémonos con confianza al trono de la gracia para que recibamos misericordia, y hallemos gracia para la ayuda oportuna.* Estas palabras dejan muy en claro que Dios ha designado un camino, una forma en la que hemos de buscar y obtener misericordia y gracia. Es el camino de la oración, la forma de acercarnos con confianza y sin reservas al trono de gracia, el lugar santísimo de la presencia de Dios donde nuestro Sumo Sacerdote que se conduele con nosotros, Jesucristo, ha entrado ya por nosotros. *Teniendo, pues, un gran Sumo Sacerdote que trascendió los cielos, Jesús, el Hijo de Dios, retengamos nuestra fe. Porque no tenemos un Sumo Sacerdote que no pueda compadecerse de nuestras flaquezas, sino Uno que ha sido tentado en todo como nosotros, pero sin pecado* (Hebreos 4:14-15).

Misericordia es lo que necesitamos y gracia es lo que precisamos, porque de otro modo toda nuestra vida y todo nuestro esfuerzo acabarán en fracaso total. La oración es el camino para obtener misericordia y gracia. Hay gracia infinita disponible para nosotros y la hacemos nuestra en la realidad mediante la oración. Oh, ¡si tan solo lográsemos ver la plenitud de la gracia de Dios que es nuestra con tan solo pedirla! Ver su altura, profundidad, largura y anchura, estoy seguro que si viéramos eso pasaríamos más tiempo en oración. La gracia en abundancia que recibamos se ve determinada por la abundancia de nuestras oraciones.

¿Quién habrá que no sienta que necesita más gracia? Hay que pedirla. Y ser constante, persistente, incansable al pedirla. Dios se deleita cuando pedimos a menudo y con persistencia, porque es lo que muestra nuestra fe en Él, y la fe le complace grandemente. Y porque no nos avergonzamos por pedir, Él se levantará y nos dará todo lo que necesitemos. *Les digo que aunque no se levante a darle algo por ser su amigo, no obstante, por su importunidad se levantará y le dará cuanto necesite* (Lucas 11:8). Casi todos conocemos tan solo arroyuelos de misericordia y gracia cuando podríamos conocer ríos enteros de la misericordia y la gracia de Dios ¡desbordando más allá de sus orillas!

La siguiente razón para la oración constante,

persistente, en vigilia y vencedora es que la oración en el nombre de Jesucristo es el camino que Jesucristo mismo ha designado para que Sus discípulos obtengan gozo en plenitud.

Jesús lo dice de modo simple y bello en Juan 16:24: *Hasta ahora nada han pedido en Mi nombre; pidan y recibirán, para que su gozo sea completo.* Gozo completo. ¿Quién habrá que no quiera gozo completo? Bueno, la forma de conocer el gozo completo es orando en el nombre de Jesús. Todos conocemos personas que tienen gozo completo que desborda, que brilla en sus ojos y borbotea de sus labios o se desprende de sus dedos cuando nos saludan con un apretón de manos. Estar en contacto con esas personas es como tocar una máquina eléctrica repleta de alegría.

¿Por qué la oración sincera en el nombre de Cristo nos da tal plenitud de gozo? En parte, porque obtenemos lo que pedimos, pero no es esa la única razón ni la más grande. La mayor razón es que nos hace dar cuenta todavía más del hecho de que Dios es real. Cuando le pedimos a Dios algo definido y Él nos lo da, ¡Dios se vuelve tan real! Presente, ¡aquí mismo! Es grandioso tener un Dios que es real y no una mera idea.

Recuerdo que una vez me sentí muy mal de repente estando solo en mi despacho. Caí de rodillas y clamé a Dios pidiendo ayuda. Al instante desapareció el dolor. Y me sentía perfectamente bien. Era como si Dios estuviera allí de pie y hubiera movido Su mano para tocarme.

El gozo de esa sanación no fue tan grande, sin embargo, como el gozo de reunirme con Dios. No hay mayor gozo en la tierra o en el cielo como el de la comunión con Dios y la oración en el nombre de Jesús nos hace entrar en comunión con Él. Por cierto, el salmista no hablaba solo del gozo futuro, sino también del gozo presente cuando dijo: *En Tu presencia hay plenitud de gozo* (Salmos 16:11). Oh, ¡qué gozo inefable el de esos momentos en que realmente entramos en oración en la presencia de Dios!

Tal vez digas:

— Jamás conocí gozo como ese en la oración.

Y yo podría entonces preguntar:

— ¿Es que apartas tiempo suficiente para la oración como para en verdad estar en presencia de Dios? ¿Te entregas en verdad a la oración sincera en ese tiempo que te tomas?

La octava razón para la oración constante, persistente, en vigilia y vencedora es que la oración en cada uno de los intereses, preocupaciones y ansiedades de la vida y acompañada de la acción de gracias, constituye el medio que Dios ha designado para que podamos librarnos de toda ansiedad, y también es el camino a la paz de Dios que sobrepasa todo entendimiento.

Pablo dice: *Por nada estén afanosos; antes bien, en todo, mediante oración y súplica con acción de gracias, sean dadas a conocer sus peticiones delante de Dios. Y la paz de Dios, que sobrepasa todo entendimiento, guardará sus corazones y sus mentes en Cristo Jesús* (Filipenses 4:6-7). A primera vista parece la imagen de una vida bella pero fuera del alcance de los seres humanos comunes y corrientes. Y sin embargo, no es así.

El versículo 6 nos dice cómo puede alcanzarla todo hijo de Dios: *Por nada estén afanosos*. El resto del versículo nos muestra cómo, y es muy simple: *antes bien, en todo, mediante oración y súplica con acción de gracias, sean dadas a conocer sus peticiones delante de Dios*. ¿Qué podría ser más claro o simple que eso? Tan solo tenemos que estar en constante contacto con Dios y cuando surja un problema o frustración, ya sea grande o pequeño, hablarle a Dios sobre ello sin olvidar jamás el dar las gracias por lo que Él ya ha hecho. ¿Cuál será el resultado? *Y la paz de Dios, que sobrepasa todo entendimiento, guardará sus corazones y sus mentes en Cristo Jesús.*

Es glorioso, ¡y es tan simple como lo es también glorioso! Doy gracias a Dios porque haya algunos que lo estén probando. ¿Conoces a alguien que siempre está en calma, bien compuesto? Tal vez por naturaleza se agite mucho y esté de aquí para allá, pero los problemas, los conflictos, los cambios y las pérdidas ahora parecen pasarle por al lado y la paz de Dios que sobrepasa todo entendimiento guarda su corazón y su mente en Cristo Jesús.

Todos conocemos a alguien que es así. ¿Cómo lo logra? Con la oración. Eso es todo. Las personas que conocen la profunda paz de Dios, la inefable paz que sobrepasa todo entendimiento, siempre son hombres y mujeres de mucha oración.

Hay gente que permite que lo vertiginoso de sus vidas no deje lugar a la oración y luego desperdician mucho tiempo y energía en las constantes preocupaciones. Una noche de oración nos ahorrará muchas noches de insomnio. El tiempo que pasamos en oración no es tiempo perdido, sino invertido. Y rinde grandes intereses.

La novena razón para la oración constante, persistente, en vigilia y vencedora es que la oración es el método que Dios mismo ha designado para que obtengamos el Espíritu Santo. La Biblia es muy clara en cuanto a esto. Jesús dice: *Pues si ustedes siendo malos, saben dar buenas dádivas a sus hijos, ¿cuánto más su Padre celestial dará el Espíritu Santo a los que se lo pidan?* (Lucas 11:13). Algunos hombres muy buenos nos dicen que no tenemos que orar pidiendo el Espíritu Santo, pero no sé qué harán con respecto a la clara declaración de Jesucristo en Su pregunta: ¿cuánto más su Padre celestial dará el Espíritu Santo a los que se lo pidan?

Hace unos años, cuando se anunció que yo predicaría sobre el bautismo del Espíritu Santo, se acercó a mí un hermano antes del sermón y dijo con gran sentimiento:

— Asegúrate de decirles que no oren pidiendo el Espíritu Santo.

— Ciertamente no haré lo que me pide — respondí,

— porque Jesús dice: *¿cuánto más su Padre celestial dará el Espíritu Santo a los que se lo pidan?*

— Ah, sí, pero eso fue antes de Pentecostés — replicó.

— ¿Y qué hay de Hechos 4:31? ¿Eso fue antes o después de Pentecostés?

— Después, claro está — contestó él.

— Léalo — indiqué.

> *...Después que oraron, el lugar donde estaban reunidos tembló, y todos fueron llenos del Espíritu Santo y hablaban la palabra de Dios con valor.*

— ¿Y qué hay de Hechos 8:15? ¿Fue antes, o después de Pentecostés?

— Después — dijo.

— Léalo, por favor.

> *...quienes descendieron y oraron por ellos para que recibieran el Espíritu Santo.*

No respondió. ¿Qué podía contestar? En la Palabra de Dios queda tan claro como el agua que tanto antes como después de Pentecostés fue así: recibieron el primer bautismo y las subsiguientes ocasiones en que fueron llenos del Espíritu Santo sucedieron en respuesta a la oración definida. También la experiencia enseña lo mismo.

Sin duda, muchos han recibido el Espíritu Santo en el momento en que se entregaron a Dios antes de que hubiera tiempo para orar. Pero hay muchos que saben que han sido llenos del Espíritu Santo estando de rodillas o postrados ante Dios, a solas o en compañía de otras personas, y que una y otra vez desde entonces han sido llenos del Espíritu Santo estando en el lugar de oración. Lo sé con tanta certeza como sé que se aplaca mi sed cuando bebo agua.

Temprano una mañana, en la sala de oración de la Iglesia de la Avenida Chicago, donde varios cientos de personas habían estado orando juntas durante varias horas, el Espíritu Santo descendió de manera muy evidente y todo el lugar se llenó tanto de Su presencia que nadie podía hablar ni orar, y lo único que se oía eran sollozos de gozo. Desde ese salón hubo hombres que partieron a distintas partes del país, que tomaron el tren esa misma mañana, y pronto recibimos información de que en respuesta a la oración Dios había derramado su Espíritu Santo. Hubo otros que anduvieron por la ciudad con la bendición de Dios sobre ellos. Esta es tan solo una instancia de las muchas que podría citar de mi experiencia personal.

Si tan solo pasáramos más tiempo en oración habría más plenitud del poder del Espíritu en lo que hacemos. Hay muchos, muchísimos, que antes trabajaban inequívocamente en el poder del Espíritu Santo pero que ahora llenan el aire con gritos vacíos y gesticulando sin sentido, solo porque han permitido que otras cosas ocupasen el lugar de la oración. Tenemos que pasar mucho tiempo de rodillas ante Dios si queremos servirle en el poder del Espíritu Santo.

La décima razón para la oración constante, persistente, en vigilia y vencedora es que la oración constituye el medio que Cristo ha designado para que nuestros corazones no se carguen con el peso de la excesiva indulgencia, la ebriedad y las preocupaciones de esta vida, de modo que el día del regreso de Cristo no nos sobrevenga de repente sin que estemos preparados.

Uno de los pasajes más interesantes y solemnes de la Biblia en referencia a la oración nos dice, precisamente, esto mismo:

> Estén alerta, no sea que sus corazones se
> carguen con disipación, embriaguez y con
> las preocupaciones de la vida, y aquel día
> venga súbitamente sobre ustedes como un
> lazo; porque vendrá sobre todos los que
> habitan sobre la superficie de toda la tierra.
> Pero velen en todo tiempo, orando para
> que tengan fuerza para escapar de todas
> estas cosas que están por suceder, y puedan
> estar en pie delante del Hijo del Hombre
> (Lucas 21:34-36).

Según este pasaje, solo hay una manera de estar preparados para la venida del Señor cuando Él aparezca, y es por medio de mucha oración. El regreso de Jesucristo es un tema que en nuestros días despierta mucho interés y debate, pero una cosa es estar interesado en el retorno del Señor o hablar sobre ello y algo muy diferente es estar preparado para este suceso.

Vivimos en un entorno que tiene la tendencia constante a hacer que no estemos preparados para la venida de Cristo. El mundo, con sus placeres y preocupaciones, tiende a apartarnos de Dios. Solo hay una forma de elevarnos triunfantes por sobre estas cosas y es a través de la vigilia constante en oración, o el no dormirnos para orar. En este pasaje, *velen* es la misma palabra potente que aparece en Efesios 6:18, y *en todo tiempo* es la misma frase potente que también leemos allí. La persona que no pasa mucho tiempo en oración, o que no es persistente y constante en la oración, no estará preparada para el Señor cuando Él venga. Sin embargo, sí podemos estar preparados. ¿Cómo? ¡Orando! ¡Oren! ¡Oremos!

Hay una razón más para la oración constante, persistente, en vigilia y vencedora, y es una razón potente: lo que logra la oración. Se ha dicho mucho en realidad sobre esto, pero hay mucho más que tenemos que agregar.

La oración promueve nuestro crecimiento espiritual como casi nada más puede hacerlo, con excepción del estudio de la Biblia. La oración sincera y el estudio verdadero de la Biblia van de la mano.

Es por medio de la oración que sale a la luz mi pecado, y eso incluye a mi pecado más secreto. De rodillas ante Dios, cuando oro diciendo: *Escudríñame, oh Dios, y conoce mi corazón; pruébame y conoce mis inquietudes. Y ve si hay en mí camino malo, y guíame en el camino eterno* (Salmos 139:23-24), Dios hace que los rayos penetrantes de Su luz lleguen a lo más recóndito de mi corazón para que salgan a la luz mis pecados, aquellos que yo no conocía antes.

En respuesta a la oración Dios me lava de mi maldad y me limpia de mi pecado. *Lávame por completo de mi maldad, y límpiame de mi pecado* (Salmos 51:2). En respuesta a la oración, mis ojos se abren para ver cosas maravillosas en la Palabra de Dios. *Abre mis ojos, para que vea las maravillas de Tu ley* (Salmos 119:18). En respuesta a la oración obtengo sabiduría para conocer el camino de Dios y la fuerza para andar en él. *Y si a alguno de ustedes le falta sabiduría, que se la pida a Dios, quien da a todos abundantemente y sin reproche, y le será dada* (Santiago 1:5).

Cuando me encuentro con Dios en oración y admiro Su rostro, soy transformado a Su imagen de gloria en gloria. *Pero todos nosotros, con el rostro descubierto, contemplando como en un espejo la gloria del Señor, estamos siendo transformados en la misma imagen de gloria en gloria, como por el Señor, el Espíritu* (2 Corintios 3:18). Cada día que vivo una vida de oración sincera, soy transformado un poco más a la imagen de mi glorioso Señor.

John Welch[1], yerno de John Knox, fue uno de los

---

1   Líder y reverendo presbiteriano escocés del siglo XVI. Su suegro, John Knox, fue líder de la Reforma Escocesa y fundador de la Iglesia Presbiteriana de Escocia.

más fieles hombres de oración que haya visto este mundo. Consideraba que había desperdiciado el día si no pasaba siete u ocho horas a solas con Dios en oración y estudiando Su Palabra. Tras su muerte, dijo de él un anciano: "Era un tipo de Cristo". ¿Cómo fue que llegó a parecerse tanto a su Maestro? Su vida de oración explica el misterio.

La oración le da poder a lo que hagamos. Si queremos poder para cualquier obra a la que nos llame Dios, ya sea predicar, enseñar, llevar a otros a Jesús o criar a nuestros hijos, podemos obtenerlo con la oración sincera.

Una vez vino a verme una mujer cuyo pequeño hijo era muy desobediente. Desesperada, me preguntó:

— ¿Qué puedo hacer con él?

— ¿Ha probado con la oración? — pregunté.

Dijo que había orado por él en ocasiones. Le pregunté si había hecho de la conversión del niño y su conducta cuestión de oración específica, ferviente y expectante, y respondió que no. Comenzó ese día y de inmediato hubo un cambio inequívoco en el niño, que creció hasta ser un buen cristiano.

¿Cuántos maestros de escuela dominical han enseñado durante meses y años sin ver fruto real de sus esfuerzos? Y luego, cuando aprenden el secreto de la intercesión, al rogar sinceramente a Dios ven que sus alumnos acuden a Cristo, ¡uno tras otro! ¡Hay tantos predicadores simples y sencillos que llegaron a ser potentes hombres de Dios cuando dejaron de confiar en sus propios dones y capacidad y se entregaron a Dios esperando en Él el poder que viene de lo alto!

John Livingstone, un pastor escocés del siglo XVII, pasó una noche junto a otros en oración a Dios y conversación religiosa. Y cuando al día siguiente predicó en la iglesia del pueblo de Shotts, quinientas personas se convirtieron o experimentaron en sus vidas algún movimiento definido de Dios en esa ocasión. La oración y el poder son inseparables.

La oración asiste en la conversión de otras personas. Pocos son los convertidos en este mundo que no lo sean por conexión con las oraciones de alguien más. Solía pensar que no había ser humano que tuviera que ver con mi conversión porque esta no sucedió en la iglesia ni en la escuela dominical, ni por alguna conversación personal con alguien. Desperté en medio de la noche y me convertí.

Por lo que puedo recordar, no tenía siquiera idea de querer convertirme cuando me acosté en la cama y me dormí, pero en medio de la noche algo me despertó y me convertí en menos de cinco minutos. Momentos antes, cuando estaba bien cerca del fuego eterno del infierno, estaba con un pie en el borde y a punto de dar el paso. No pensé que hubiera ser humano que tuviese que ver con esto, pero había olvidado las oraciones de mi madre y supe luego que uno de mis compañeros de clase en la universidad había decidido que oraría por mí hasta que yo fuera salvo.

A menudo, la oración prevalece allí donde todo lo demás falla. Los esfuerzos por convencer y los ruegos de Mónica a su hijo Agustín fallaban por completo, pero las oraciones de esta madre prevalecieron con Dios y ese joven alocado luego fue san Agustín, el potente hombre de Dios. Mediante la oración los más acérrimos enemigos del evangelio se han convertido en sus más valientes defensores. Mediante la oración los peores criminales se han convertido en los más devotos hijos de Dios. Mediante la oración las mujeres más desvergonzadas se han convertido en las más puras santas. Oh, ese poder que tiene la oración para llegar al fondo, a lo profundo, a lo más bajo, donde la esperanza misma parece vana y que eleva a hombres y mujeres más y más alto, a la comunión con Dios y a la semejanza a Su imagen. Sencillamente ¡es maravilloso! Apreciamos muy poco esta maravilla que tenemos como arma: la oración.

La oración trae bendiciones a la Iglesia. La historia de la Iglesia siempre ha sido la de tremendas dificultades por superar. El diablo odia a la Iglesia y busca impedir su avance de todas formas, ya sea con falsa doctrina, división, corrupción interna de la vida y cualquier otro medio. Pero la oración puede abrir un camino a través de lo que sea.

La oración arranca de raíz la herejía, aclara malos entendidos, barre con los celos y la animosidad, borra inmoralidades y hace entrar una oleada de la gracia de Dios que devuelve la vida. La historia lo demuestra en abundancia. En horas de grandes peligros cuando la

Iglesia local o universal ha parecido no tener esperanza ya, se han reunido hombres y mujeres para clamar a Dios y la respuesta llega.

Así sucedió en tiempos de John Knox. Así fue en la época de John Wesley y George Whitfield. Fue así también en los años de Jonathan Edwards y David Brainerd. Y en la época de Charles Finney. También fue así en tiempos del gran reavivamiento de 1857 en este país[2] y en 1859 en Irlanda. Lo mismo sucedió en tiempos de los reavivamientos de Gales y volverá a suceder en tu época y la mía.

Satanás ha reunido a sus fuerzas. Está atacando con mundanalidad, con ateísmo, con falsas religiones e incluso con versiones aguadas de cristianismo. Los cristianos leales a las grandes verdades fundamentales del evangelio se miran los unos a los otros con sospecha inyectada por el demonio. El mundo, la carne y el diablo se están saliendo con la suya. Son horas oscuras, pero *es tiempo de que actúe el Señor, porque han quebrantado Tu ley* (Salmos 119:126). Él se está preparando para obrar y ahora mismo espera oír la voz de la oración. ¿La oirá? ¿La oirá de tu voz? ¿Oirá la voz de la iglesia toda? Creo que sí lo hará.

---

2   N. de T: el autor se refiere a los Estados Unidos.

Capítulo 2

Orar a Dios

Hemos visto algo de la enorme importancia de la oración y su inexorable poder y ahora llegamos directamente a la pregunta de cómo orar con poder.

En Hechos 12 tenemos registro de una oración que prevaleció con Dios y produjo grandes resultados. En el quinto versículo de este capítulo se describen el modo y el método de esta oración en unas pocas palabras:

> *...la iglesia hacía oración ferviente a Dios por él.*

Lo primero que hay que notar en este versículo es esta breve expresión: *a Dios*. La oración que tiene poder es la que se ofrece a Dios.

Sin embargo, habrá quien pregunte: "¿No son todas las oraciones ofrecidas a Dios?". No. Gran parte de lo que se llama oración, ya sea en público o en privado, no es a Dios. Para que una oración realmente sea ofrecida a Dios cuando oramos tenemos que estar bien conscientes de que acudimos a Él. Hace falta que tengamos bien en claro que Dios se está inclinando hacia nosotros para escucharnos mientras oramos.

Muchas veces cuando oramos, en realidad casi no pensamos en Dios. Porque nuestra mente está absorta en lo que necesitamos y no se ocupa de pensar en el Padre potente y amoroso a quien le estamos pidiendo lo que necesitamos. A menudo no estamos ocupados en lo que nos falta y tampoco en Aquel a quien oramos. Más bien, nuestra mente anda vagando por aquí y por allá, recorriendo el mundo. No hay poder en esa clase de oración, pero cuando realmente acudimos a la presencia de Dios, cuando realmente nos encontramos con Él cara a cara en el lugar de oración y en verdad buscamos las cosas que deseamos pidiéndoselas *a Él*, entonces sí hay poder.

Si queremos orar como corresponde lo primero que deberíamos hacer es ver que en verdad tengamos una audiencia con Dios, que de verdad entremos en Su presencia misma. Antes de ofrecer siquiera una palabra de petición debiéramos estar claramente conscientes de que estamos hablándole a Dios y deberíamos creer que Él está escuchando nuestra petición y nos dará eso que le estamos pidiendo. Y eso solamente es posible por el poder del Espíritu Santo, así que lo que deberíamos buscar es que el Espíritu Santo nos guíe a estar en presencia de Dios y no apurarnos a empezar nuestras oraciones hasta tanto Él nos haya llevado allí.

Una noche llegó un cristiano muy activo a una pequeña reunión de oración que yo lideraba. Antes de que nos arrodilláramos para orar, dije algo como lo que acabas de leer, indicándoles a todos los amigos que se asegurasen de que oraban como corresponde. Les dije que mientras estuviesen orando necesitaban estar seguros de que en verdad estaban en presencia de Dios, que sus mentes debían fijarse en Él y que su interés tenía que estar en Dios más que en lo que pedían. Días después me encontré con ese mismo caballero y él me dijo que esa idea simple le había sido completamente nueva, y que su experiencia de la oración también había sido totalmente diferente. Si queremos orar como corresponde, estas dos palabritas tienen que quedar grabadas en nuestros corazones: *a Dios*.

El segundo secreto de la oración efectiva aparece en el mismo versículo: *ferviente*. En otras versiones de la Biblia la expresión es *sin cesar*. Pero ninguna de las traducciones transmite la fuerza del término griego, que literalmente significa "extendidamente". Es pictórica la palabra, maravillosamente expresiva. Representa al alma que se extiende en sincero e intenso deseo. Quizá "intensamente" sería un término bastante cercano al significado. Es el término utilizado en referencia a nuestro Señor en Lucas 22:44, que dice: *...oraba con* *mucho fervor; y Su sudor se volvió como gruesas gotas de sangre, que caían sobre la tierra.*

Leemos en Hebreos 5:7: *Cristo, en los días de Su carne, habiendo ofrecido oraciones y súplicas con gran clamor y lágrimas...* Pablo les pide a los santos que estaban en Roma que se esforzaran junto con él en sus oraciones: *Les ruego, hermanos, por nuestro Señor Jesucristo y por el amor del Espíritu, que se esfuercen juntamente conmigo en sus oraciones a Dios por mí* (Romanos 15:30).

El término que se traduce como "se esfuercen" significa en sentido primario ese esfuerzo que se hace en juegos de atletismo o en una lucha. En otras palabras, la oración que prevalece con Dios es la oración en la que ponemos toda el alma, extendiéndonos hacia Dios en intenso, acuciante deseo. De nuestra oración moderna hay una gran parte que no tiene poder, porque tampoco tiene nuestro corazón puesto en ella. Corremos hacia la presencia de Dios, enumeramos rápido la lista de peticiones, nos levantamos y nos vamos. Si una hora más tarde alguien nos preguntara qué es lo que oramos, muchas veces no sabríamos qué contestar. Si ponemos tan poco corazón en nuestras oraciones no podemos esperar que Dios ponga mucho corazón en responderlas.

En nuestra época oímos hablar mucho sobre el "reposo" de la fe y, sin embargo, existe lo que se llama la "pelea" de la fe en la oración, así como en el esfuerzo. Quienes quieren que pensemos que han alcanzado cierta altura elevada de fe y confianza porque no han conocido la agonía del conflicto o la oración, seguramente han encontrado una experiencia distinta a la que conocieron tanto el Señor como los más potentes vencedores de Dios a lo largo de la historia cristiana, en términos de esfuerzo y de oración. Cuando aprendemos a acudir a Dios con un deseo tan intenso que oprime y pesa en el alma, entonces conocemos un poder en la oración que la mayoría no conocíamos.

Sin embargo, ¿cómo alcanzamos esta sinceridad en la oración? No podemos hacerlo solo con tratar de convencernos de que somos sinceros. El verdadero método se nos explica en Romanos 8:26: *De la misma manera, también el Espíritu nos ayuda en nuestra debilidad. No sabemos orar como debiéramos, pero el Espíritu mismo intercede por nosotros con gemidos indecibles.* La sinceridad que buscamos en la energía de la carne es repulsiva. Pero la sinceridad que obra en nosotros el poder del Espíritu Santo agrada a Dios. Y aquí, de nuevo, si queremos orar como corresponde tenemos que buscar que el Espíritu de Dios nos enseñe a orar.

Es en relación a esto que entra el ayuno. En Daniel 9:3 leemos que Daniel volvió su rostro *a Dios el Señor para buscarlo en oración y súplicas, en ayuno, cilicio y ceniza.* Hay quienes piensan que el ayuno pertenece solo al antiguo pacto y a la Ley, pero cuando miramos Hechos 14:23 y Hechos 13:2-3 encontramos que lo practicaban los hombres sinceros de los tiempos apostólicos. *Después que les designaron ancianos en cada iglesia, habiendo orado con ayunos, los encomendaron al Señor en quien habían creído* (Hechos 14:23). *Mientras ministraban al Señor y ayunaban, el Espíritu Santo dijo: "Aparten a Bernabé y a Saulo para la obra a la que los he llamad". Entonces, después de ayunar, orar y haber impuesto las manos sobre ellos, los enviaron* (Hechos 13:2-3).

Si queremos orar con poder, deberíamos orar con ayuno. Por supuesto que esto no significa ayunar cada vez que oramos, pero hay ocasiones de emergencia o crisis especiales en el trabajo o la vida personal en que las personas de gran sinceridad se apartan incluso de la satisfacción de los apetitos naturales que en otras circunstancias serían perfectamente adecuados. Y lo hacen para entregarse por completo a la oración.

Hay un poder peculiar en ese tipo de oración. Es la forma en que debiéramos enfrentar todas las grandes crisis de la vida y del trabajo. No hay nada agradable a Dios en el hecho de que abandonemos cosas placenteras de forma puramente farisaica y legalista, pero sí hay poder en esa total sinceridad y determinación de obtener en oración las cosas por las que sentimos intensamente nuestra necesidad. Esta sinceridad y determinación que nos lleva a apartarlo todo, incluso aquellas cosas que en sí mismas pueden ser adecuadas y necesarias, es la que nos hace volver nuestros rostros a Dios para buscarle y obtener bendiciones de Él.

Encontramos en Hechos 12:5 un tercer secreto de la oración correcta. Aparece en dos palabras: *la iglesia*. Hay poder en la unión en oración. Claro que hay poder en la oración personal, pero en la oración conjunta y unida el poder se incrementa muchísimo. Dios se deleita en la unidad de Su pueblo y busca promoverla de todas las formas, por lo que pronuncia una bendición especial sobre la oración en unión. Leemos en Mateo 18:19: *si dos de ustedes se ponen de acuerdo sobre cualquier cosa que pidan aquí en la tierra, les será hecho por Mi Padre que está en los cielos.*

Sin embargo, esta unidad tiene que ser real. El pasaje que acabamos de citar no habla solo de que dos estén de acuerdo en pedir, sino que también especifica que el acuerdo sea por la misma cosa y también por el fondo del pedido. Porque uno podría pedirlo debido a que lo desea en verdad y el otro tal vez lo pedirá simplemente para agradar a su amigo. Sin embargo, allí donde hay acuerdo verdadero y donde el Espíritu de Dios lleva a dos creyentes a la perfecta armonía en cuanto a lo que le piden a Dios y el Espíritu pone la misma carga en ambos corazones, allí en ese tipo de oración hay poder absolutamente irresistible.

Capítulo 3

Orar y obedecer

1 Juan 3:22 es uno de los versículos más significativos de la Biblia. Juan dice: *Y todo lo que pidamos lo recibimos de Él, porque guardamos Sus mandamientos y hacemos las cosas que son agradables delante de Él.*

¡Una declaración que impacta por lo notable! Juan dice con toda claridad que recibía todo lo que pedía. ¿Cuántos podemos decir que recibimos de Dios lo que sea que le pidamos? Luego Juan explica el por qué: *porque guardamos sus mandamientos y hacemos las cosas que son agradables delante de Él.*

En otras palabras, quien espera que Dios otorgue lo que le pide, a su vez tiene que hacer todo lo que le pida Dios. Si prestamos atención a todos los mandamientos de Dios para nosotros, Él va a prestar atención a todas nuestras peticiones ante Él. Pero por otro lado, si hacemos oídos sordos a Sus preceptos, es probable que Él haga oídos sordos a nuestras oraciones. Encontramos aquí el secreto que explica gran parte de las oraciones sin respuesta. No estamos escuchando la Palabra de Dios y, por eso, Él no está escuchando nuestras peticiones.

En una ocasión conversaba yo con una mujer que había sido una cristiana profesa, pero lo había abandonado todo respecto de la fe. Le pregunté por qué ya no seguía a Jesús y me respondió que era porque no creía en la Biblia. Le pregunté por qué no creía en la Biblia.

— Porque he puesto a prueba sus promesas y descubrí que no son ciertas.

— ¿Qué promesas?

— Las promesas respecto de la oración.

— ¿Cuáles promesas respecto de la oración?

— ¿No dice la Biblia: "Lo que pidan con fe lo recibirán"?

— Dice algo parecido a eso.

— Bueno, yo pedí con plena expectativa de recibir. Pero no recibí. Así que la promesa falló.

— ¿Esa promesa era para usted?

— Bueno, ciertamente. Es una promesa efectuada a todos los cristianos, ¿o no?

— No, Dios define con cuidado quiénes son los que recibirán respuesta a las oraciones efectuadas con fe.

Entonces tomé 1 Juan 3:22 y leí la descripción de aquellos cuyas oraciones tienen poder delante de Dios.

— Ahora, ¿usted obedecía Sus mandamientos y hacía lo que es agradable a Dios?

Confesó con sinceridad que no lo hacía. Y no tardó en ver que la dificultad no estaba en las promesas de Dios, sino en ella misma. Esa es la dificultad para muchas oraciones sin respuesta en nuestros días: el que ora no es obediente.

Si queremos que la oración sea potente tenemos que ser sinceros estudiantes de Su Palabra para saber cuál es Su voluntad para nosotros. Y habiéndola encontrado, tenemos que cumplirla. Un solo acto de desobediencia sin confesar hará que los oídos de Dios se cierren ante muchas peticiones.

Pero este versículo va más allá de la sola obediencia a los mandamientos de Dios. Juan nos dice que debemos hacer *las cosas que son agradables delante de Él*. Hay muchas cosas que son agradables a Dios y que debemos hacer, pero que no tienen mandamiento específico de parte de Él. El hijo sincero no se contenta meramente con hacer las cosas que su padre específicamente le ordena. Estudia para conocer la voluntad de su padre y si piensa que hay algo que pueda hacer para agradar a su padre, lo hace con gusto, incluso si su padre nunca le dio una orden específica al respecto. Lo mismo sucede con el hijo de Dios que es sincero. No pregunta tan solo si hay determinadas cosas que se ordenan o se prohíben, sino que también estudia para conocer la voluntad de su Padre en todas las cosas.

Hoy hay muchos cristianos que están haciendo cosas que no agradan a Dios y que dejan de hacer otras cosas que sí le agradarían. Cuando se les habla de esto enseguida confrontan con una pregunta: "¿Hay algún mandamiento en la Biblia que prohíba esto?". Y si uno no puede mostrarles un versículo en donde se prohíba la cuestión, entonces piensan que no tienen ninguna obligación de dejar de hacer lo que hacen. El hijo sincero, el verdadero hijo de Dios, no exige ver un mandamiento específico.

Si nos ocupamos de estudiar para descubrir y hacer las cosas que agradan a Dios, Él se ocupará de hacer las cosas que nos agraden. Volvemos a encontrar la explicación a muchas de las oraciones que no reciben respuesta: no dedicamos nuestras vidas a saber qué es lo que agradaría a nuestro Padre y entonces nuestras oraciones no reciben respuesta.

Tomemos como ilustración algunas preguntas que constantemente surgen en cuanto a ir al teatro, a bailar o al uso del tabaco. Si uno habla en contra de estas cosas, muchos de los que practican esas actividades preguntarán en tono triunfal: "¿Dice la Biblia: 'No irás al teatro'? ¿Dice la Biblia 'No irás a bailar'? ¿Dice la Biblia: 'No fumarás'?

No es esa la pregunta. Lo que habría que preguntar es: "¿Le agrada a nuestro Padre celestial el ver que uno de Sus hijos va al teatro, a bailar o ver que fuma?". Esa es una pregunta que cada persona ha de decidir por sí misma, en oración, buscando la luz del Espíritu Santo.

Muchos preguntan: "¿Qué hay de malo en estas cosas?". Nuestro propósito aquí no da lugar a la respuesta en general, pero sin duda sí hay gran perjuicio en muchos casos porque son cosas que nos roban el poder de la oración.

El Salmo 145:18 echa mucha luz sobre la pregunta de cómo orar: *El Señor está cerca de todos los que lo invocan, de todos los que lo invocan en verdad.* Esa breve expresión, *en verdad*, es digna de estudio. Si tomamos la concordancia para recorrer la Biblia encontraremos que la expresión significa "en realidad" o "en sinceridad". La oración que Dios responde es la oración que es real, la oración que pide algo que es un deseo sincero.

Hay mucha oración que no es sincera. Hay gente que pide cosas que no necesitan. Muchas mujeres oran por la conversión de sus esposos y en realidad no quieren que sus esposos se conviertan. Piensan que sí quieren eso, pero si supieran lo que implicaría la conversión de sus esposos, lo que requeriría como cambio drástico en su forma de llevar adelante sus negocios, la consecuente reducción de sus ingresos y el cambio de vida que eso conllevaría, entonces la oración verdadera de sus corazones sería —si fuesen sinceras—: "Oh, Dios, no conviertas a mi esposo". No quieren que sus esposos se conviertan si la conversión tiene tan alto costo.

Muchas iglesias están orando por un reavivamiento, pero en realidad no lo desean. Piensan que sí, porque en sus mentes el reavivamiento significa mayor número de miembros, mayores ingresos y mejor reputación entre las iglesias. Pero si supieran lo que significa un verdadero reavivamiento, con cristianos profesos escudriñando sus corazones, con la transformación radical de la vida individual, doméstica y social que sobrevendría y con muchas otras cosas que pasarían si el Espíritu de Dios se derramara en realidad y poder, entonces la Iglesia clamaría: "Oh, Dios, guárdanos de que haya un reavivamiento".

Muchos pastores están orando por ser llenos del Espíritu Santo, pero en realidad no lo desean. Piensan que sí, porque en sus mentes estar lleno del Espíritu significa nuevo gozo, nuevo poder al predicar la Palabra, mayor reputación entre los seres humanos y mayor protagonismo en la Iglesia. Pero si entendieran lo que en realidad implica ser llenos del Espíritu Santo, por ejemplo en cuanto a la necesaria hostilidad para con el mundo y la oposición a los cristianos no espirituales, las injurias a sus nombres, el abandono de sus buenas vidas y comodidades para ir a trabajar en los barrios donde hay miseria o incluso en el extranjero, si entendiesen todo esto su oración probablemente sería: "Oh, Dios, guárdame de ser lleno del Espíritu Santo".

Cuando llegamos al lugar en el que realmente deseamos la conversión de los amigos a cualquier costo y cuando de verdad deseamos el derramamiento del Espíritu Santo y no importe qué es lo que implica, cuando realmente deseamos cualquier cosa *en verdad* y luego clamamos a Dios por ello *en verdad*, Dios sí nos oirá.

Capítulo 4

Orar en el nombre de Jesús
y según Su voluntad

Es maravilloso lo que Jesús les dijo a Sus discípulos sobre la oración en la noche previa a su crucifixión: *Y todo lo que pidan en Mi nombre, lo haré, para que el Padre sea glorificado en el Hijo. Si me piden algo en Mi nombre, Yo lo haré* (Juan 14:13-14).

La oración en el nombre de Jesús tiene poder ante Dios. Dios se agrada en Su Hijo, Jesucristo. Siempre le escucha y siempre escucha la oración que es realmente en Su nombre. Hay una fragancia en el nombre de Jesús que hace que toda oración en Su nombre sea aceptable para Dios. Pero ¿qué es orar en el nombre de Jesús?

Se han intentado muchas explicaciones que la mente común no logra entender. No hay nada de místico ni misterioso en esta expresión de orar en el nombre de Jesús. Si uno recorre la Biblia y examina todos los pasajes en los que aparecen las expresiones *Mi nombre* o *Su nombre*, u otras similares, encontraremos que significan lo mismo que en el lenguaje que hoy usamos.

Si voy a un banco y entrego un cheque que tiene mi nombre en la firma, le estoy pidiendo a ese banco *en mi propio nombre*. Si tengo dinero depositado en ese banco, el cheque se me pagará en efectivo. Si no lo tengo, no. Pero si voy a un banco con un cheque que tiene el nombre de otra persona en la firma, estaré pidiendo *en su nombre* y no importa si tengo dinero en ese banco o en cualquier otro. Si la persona cuyo nombre figura en el cheque tiene dinero allí, me darán dinero en efectivo por el cheque.

Si, por ejemplo, yo fuese al Banco First National de Chicago y presentara un cheque firmado por mí por cincuenta dólares, el cajero me diría: "Sr. Torrey, no podemos darle dinero en efectivo a cambio del cheque porque usted no tiene dinero en este banco". Sin embargo, si fuese al Banco First National de Chicago con un cheque por 5.000 dólares pagadero a mi nombre pero firmado por uno de los grandes depositantes en ese nombre, ya no me preguntarían si tengo dinero en ese banco o en otro, sino que honrarían el cheque de inmediato.

Lo mismo sucede cuando voy al banco del Cielo, cuando acudo a Dios en oración. No tengo nada depositado allí. No tengo crédito en absoluto allí. Si voy en mi propio nombre no obtendré nada pero Jesucristo tiene crédito ilimitado en el Cielo y Él me ha otorgado el privilegio de ir al banco con Su nombre en mis cheques. Cuando voy en Su nombre, mis oraciones serán honradas en toda su extensión.

Orar en el nombre de Jesús es orar sobre la base de Su crédito y no del mío. Es renunciar a la idea de que puedo reclamarle algo a Dios y acudir a Él sobre la base de los derechos a reclamo que tiene Cristo. Orar en el nombre de Jesús no es solamente añadir la frase "te pido estas cosas en el nombre de Jesús" cuando oro. Puedo añadir esa frase a mi oración pero estar confiando en mi propio mérito todo el tiempo.

Por otra parte, puedo omitir esa frase pero realmente confiar por completo en el mérito de Jesús. Cuando en verdad acudo a Dios, no sobre la base de mi mérito sino sobre la del mérito de Cristo, y no sobre la base de mi bondad sino sobre la base de la sangre propiciatoria, Dios me oirá. *Entonces, hermanos, puesto que tenemos confianza para entrar al Lugar Santísimo por la sangre de Jesús* (Hebreos 10:19). En nuestra oración moderna, gran parte no es efectiva porque las personas acuden a Dios imaginando que tienen algún derecho a reclamar algo de Dios y que Él tiene la obligación de responder sus oraciones.

Hace años, el Sr. Moody[3] visitó un pueblo de Illinois cuando comenzaba en la obra cristiana. En ese pueblo

---

3   N. de T: El autor se refiere a D.L. Moody, evangelista y editor estadounidense del siglo XIX, una de las figuras más importantes del evangelicalismo moderno y fundador de la Iglesia Moody.

había un juez que era incrédulo. La esposa de este juez le pidió al Sr. Moody que visitara a su esposo y le hablara de Dios. El Sr. Moody respondió: "No puedo hablar con su esposo. Soy tan solo un joven cristiano sin instrucción y su esposo ha sido instruido para ser incrédulo".

La esposa insistió y no aceptaba un "no" por respuesta, de modo que el Sr. Moody visitó al juez. Los empleados de la oficina reían por lo bajo al ver al joven vendedor de Chicago que entraba a conversar con el académico juez. Fue una conversación breve. El Sr. Moody dijo:

— Sr. Juez, no puedo hablar con usted. Usted ha aprendido mucho y se ha instruido en la incredulidad y yo no soy instruido. Sin embargo, simplemente quiero decirle que si alguna vez se convierte, quiero que me lo haga saber.

El juez le contestó:

— Sí, joven. Si alguna vez me convierto, se lo haré saber. Sí, se enterará.

Allí terminó la conversación. Los empleados rieron con ganas cuando el joven cristiano con celo por la fe salió de la oficina. Pero el juez se convirtió antes de que pasara un año. Y el Sr. Moody, que visitó el pueblo una vez más, le pidió al juez que explicase cómo había sucedido. El juez dijo:

— Una noche, cuando mi esposa estaba en una reunión de oración, empecé a sentirme muy incómodo y angustiado. No sabía qué era lo que me pasaba, pero finalmente me fui a dormir antes de que llegara mi esposa. No pude dormir en toda la noche. Me levanté temprano, le dije a mi esposa que no quería desayunar y fui a la oficina. Les dije a los empleados que podían tomarse el día libre y me encerré en mi despacho. Cada vez me sentía más angustiado y finalmente me arrodillé y le pedí a Dios que me perdonara mis pecados, pero no dije "en nombre de Jesús" porque yo era unitario y no creía en la propiciación. Seguí orando: "Dios, perdóname mis pecados", pero no obtenía respuesta. Y entonces, desesperado, grité: "Oh, Dios, en nombre de Cristo, perdóname mis pecados". Y encontré la paz de inmediato.

El juez no había tenido acceso a Dios hasta que acudió a Él en el nombre de Jesús y cuando lo hizo, su oración fue oída y respondida al instante.

1 Juan 5.14-15 echa mucha luz sobre el tema de cómo orar: *Esta es la confianza que tenemos delante de Él, que si pedimos cualquier cosa conforme a Su voluntad, Él nos oye. Y si sabemos que Él nos oye en cualquier cosa que pidamos, sabemos que tenemos las peticiones que le hemos hecho.* Este pasaje nos enseña de manera simple y clara que si hemos de orar como corresponde, tenemos que orar según la voluntad de Dios, y que si lo hacemos, sin duda obtendremos de Él lo que pedimos.

Pero ¿podemos conocer la voluntad de Dios? ¿Podemos saber si una oración en particular es según Su voluntad? Sí, ciertamente. ¿Cómo?

Primero, por la Palabra. Dios ha revelado Su voluntad en Su Palabra. Cuando algo se nos promete de manera definida en la Palabra de Dios, sabemos que es Su voluntad darnos eso. Si cuando estoy orando puedo encontrar una determinada promesa en la Palabra de Dios y presento esa promesa ante Dios, entonces sé que Él me oye y sé que si Él me oye, entonces sé que tengo la petición que presenté ante Él.

Por ejemplo, cuando oro pidiendo sabiduría, sé que es la voluntad de Dios darme sabiduría porque Él lo dice en Santiago 1:5: *Y si a alguno de ustedes le falta sabiduría, que se la pida a Dios, quien da a todos abundantemente y sin reproche, y le será dada.* De modo que cuando pido sabiduría sé que la oración es oída y sé que se me dará sabiduría. De la misma manera, cuando oro pidiendo el Espíritu Santo sé, a partir de Lucas 11:13, que es la voluntad de Dios y que mi oración es oída y tengo lo que le he pedido: *Pues si ustedes siendo malos, saben dar buenas dádivas a sus hijos, ¿cuánto más su Padre celestial dará el Espíritu Santo a los que se lo pidan?*

Hace algunos años vino a verme un ministro cuando terminé de dar un sermón sobre la oración en la escuela bíblica de la YMCA[4]. Me dijo:

— Ha dejado usted en estos jóvenes la impresión de que pueden pedir cosas determinadas y recibir justamente lo que han pedido.

Respondí que no sabía si era esa la impresión que

---

4   N. de T.: Asociación de Jóvenes Cristianos, por sus siglas en inglés.

había causado, pero que ciertamente era la que deseaba dejarles.

Entonces contestó:

— Pero eso no es correcto. No podemos tener certeza porque no conocemos la voluntad de Dios.

Enseguida acudí a Santiago 1:5, lo leí, y le dije:

— ¿No es voluntad de Dios darnos sabiduría? Y si pedimos sabiduría, ¿no sabemos que nos la dará?

— ¡Ah! — replicó. — No sabemos lo que es la sabiduría.

Dije entonces:

— No, porque si supiéramos lo que es, no haría falta que la pidiésemos. Pero más allá de lo que sea la sabiduría, ¿no sabe usted que la recibirá?

Ciertamente tenemos el privilegio de saberlo. Cuando tenemos una promesa específica en la Palabra de Dios, si dudamos que sea voluntad de Dios, o si dudamos que Dios hará aquello que le pedimos, estamos llamando mentiroso a Dios.

Tenemos aquí uno de los más grandes secretos de la oración que prevalece. Estudiar la Palabra para descubrir la voluntad de Dios según se nos la revela allí en las promesas y luego simplemente tomar esas promesas y presentarlas ante Dios en oración con la expectativa absolutamente invencible de que Él hará lo que Él ha prometido en Su Palabra.

Y hay otra forma, además, en que podemos conocer la voluntad de Dios, que es por medio de la enseñanza de Su Santo Espíritu. Son muchas las cosas que necesitamos de Dios y que no están cubiertas por ninguna promesa específica, pero ni siquiera así quedaremos en la ignorancia con respecto a la voluntad de Dios. Romanos 8:26-27 dice: *De la misma manera, también el Espíritu nos ayuda en nuestra debilidad. No sabemos orar como debiéramos, pero el Espíritu mismo intercede por nosotros con gemidos indecibles. Y Aquel que escudriña los corazones sabe cuál es el sentir del Espíritu, porque Él intercede por los santos conforme a la voluntad de Dios.*

Aquí se nos dice con toda claridad que el Espíritu de Dios ora en nosotros y que toma nuestra oración de acuerdo a la voluntad de Dios. Cuando nos dejamos guiar por el Espíritu Santo en cualquier dirección para orar por algún propósito determinado, podemos hacerlo confiando plenamente en que es la voluntad de Dios y que recibiremos justamente eso que le estamos pidiendo, aunque no haya una promesa específica que abarque eso que pedimos. Dios, mediante Su Espíritu, a menudo pone en nosotros una carga pesada de oración por alguna persona en particular. No logramos descansar, sino que oramos por esa persona *con gemidos indecibles.* Tal vez sea alguien que está fuera de nuestro alcance, pero Dios oye la oración y en muchos casos no pasará demasiado tiempo antes de que nos enteremos de que definitivamente esa persona se ha convertido.

El pasaje de 1 Juan 5:14-15 es, de toda la Biblia, uno de los que peor se han utilizado: *Esta es la confianza que tenemos delante de* Él, que si pedimos cualquier cosa conforme a Su voluntad, Él nos oye. *Y si sabemos que Él nos oye en cualquier cosa que pidamos, sabemos que tenemos las peticiones que le hemos hecho.*

Sin duda alguna el Espíritu Santo ha puesto estos versículos en la Biblia para alentar nuestra fe. El pasaje comienza diciendo: *Esta es la confianza que tenemos delante de Él,* y termina con: *sabemos que tenemos las peticiones que le hemos hecho,* pero uno de los usos más frecuentes de este pasaje, que tan claramente se nos ha dado para que tengamos confianza, es con el fin de introducir un elemento de incertidumbre en nuestras oraciones.

Muchas veces, cuando uno va aumentando su confianza en la oración, vendrá algún hermano cauteloso para decirnos: "Bueno, no tengas tanta confianza. Si es voluntad de Dios, Él lo hará. Así que debes añadir 'si es Tu voluntad'".

Por cierto, sí que hay muchas ocasiones en que no conocemos la voluntad de Dios y toda oración debiera tener como fundamento la sumisión a la excelente voluntad de Dios. Pero cuando conocemos la voluntad de Dios no necesitamos la condición. Este pasaje no está en la Biblia para que pongamos condicionales a todas nuestras oraciones, sino para que podamos descartar esos condicionales y tengamos *confianza,* sabiendo *que tenemos las peticiones que le hemos hecho.*

Capítulo 5

Orar en el Espíritu

En todo lo que ya se ha dicho hemos visto una y otra vez nuestra dependencia del Espíritu Santo en la oración. Es algo que surge de manera muy definida en Efesios 6:18: *Con toda oración y súplica oren en todo tiempo en el Espíritu*, y en Judas 20: *orando en el Espíritu Santo*. De hecho, todo el secreto de la oración está en estas tres palabras: *en el Espíritu*. Dios Padre responde la oración que inspira Dios Espíritu Santo.

Los discípulos no sabían orar como debían y por eso acudieron a Jesús y le dijeron: *Señor, enséñanos a orar* (Lucas 11:1). No sabemos orar como debiéramos, pero tenemos a otro Maestro y Guía cerca que nos ayuda. *Entonces Yo rogaré al Padre, y Él les dará otro Consolador para que esté con ustedes para siempre; es decir, el Espíritu de verdad, a quien el mundo no puede recibir, porque ni lo ve ni lo conoce, pero ustedes sí lo conocen porque mora con ustedes y estará en ustedes* (Juan 14:16-17). *El Espíritu nos ayuda en nuestra debilidad* (Romanos 8:26). Él nos enseña a orar.

La oración sincera, verdadera, es la oración en el Espíritu. La oración verdadera es la oración que inspira y dirige el Espíritu Santo. Cuando entramos en la presencia de Dios tenemos que reconocer nuestra debilidad e ignorancia acerca de cómo y por qué cosas orar. Sabiendo que somos totalmente incapaces de orar como debemos, tenemos que buscar al Espíritu Santo y entregarnos por completo a Él para que dirija nuestras oraciones y guíe nuestros deseos y nuestras palabras en la oración.

En la oración no hay nada más necio que el ir apresuradamente a la presencia de Dios y pedir lo primero que se nos venga a la mente, o pedir rápido algo que algún amigo nos ha pedido que oremos, sin pensar. Cuando entramos en presencia de Dios tenemos que guardar silencio ante Él y esperar de modo que Su Espíritu Santo nos enseñe a orar. Tenemos que esperar al Espíritu Santo y rendirnos ante el Espíritu, y recién entonces podremos orar como corresponde.

Muchas veces, cuando acudimos a Dios en oración no nos sentimos con ánimos de orar. ¿Qué deberíamos hacer en tal situación? ¿Dejar de orar hasta que sintamos que sí queremos hacerlo? No, en absoluto. El momento en que más necesitamos orar es cuando menos queremos hacerlo. Debiéramos esperar en calma ante Dios y decirle que tenemos el corazón frío, vacío de oración. Debemos buscar a Dios y confiar en Él y esperar que el Espíritu Santo nos caliente el corazón para que salga de él la oración.

No pasará mucho tiempo antes de que la luz de la presencia del Espíritu nos llene el corazón y empecemos a orar con libertad, sin dar vueltas, con sinceridad y con poder. Muchos de los momentos más bendecidos de oración que haya yo vivido empezaron con una sensación de total vacío; pero en mi impotencia y frialdad, me entregué por completo a Dios y le pedí que enviara a Su Santo Espíritu para que me enseñara a orar, y Él lo hizo. Cuando oramos en el Espíritu, oramos por las cosas correctas, de la manera correcta. Y nuestra oración estará llena de gozo y poder.

Para orar con poder tenemos que orar con fe. En Marcos 11:24 Jesús dice: *Por eso les digo que todas las cosas por las que oren y pidan, crean que ya las han recibido, y les serán concedidas.* No importa hasta qué punto sea positiva alguna de las promesas de la Palabra de Dios, no podremos disfrutarla en real experiencia a menos que esperemos con confianza su cumplimiento en respuesta a nuestra oración.

Y si a alguno de ustedes le falta sabiduría, nos dice Santiago, *que se la pida a Dios, quien da a todos abundantemente y sin reproche, y le será dada.* Esa promesa es tan positiva como podría serlo, y sin embargo los siguientes versículos añaden: *Pero que pida con fe, sin dudar. Porque el que duda es semejante a la ola del mar, impulsada por el viento y echada de una parte a otra. No piense, pues, ese hombre, que recibirá cosa alguna del Señor* (Santiago 1:5-7).

Entonces la expectativa tiene que ser confiada y firme. Hay una fe que va más allá de la expectativa y que cree que la oración es escuchada, y que la promesa se cumplirá. Lo vemos en Marcos 11:24: *Por eso les digo que todas las cosas por las que oren y pidan, crean que ya las han recibido, y les serán concedidas.*

Pero ¿cómo obtenemos esa fe? Digamos enfáticamente que no podemos producir esta fe nosotros mismos intentando convencernos de que la tenemos. Muchos leen esta promesa sobre la oración de fe y luego piden cosas que desean tratando de convencerse de que Dios ha oído la oración. Todo eso acaba en desilusión porque no se trata de fe verdadera y no se recibe lo pedido. Es en este punto que muchos pierden su fe por completo al tratar de alimentarla mediante el esfuerzo de su voluntad y como no les es otorgado aquello que les hizo creer, muchas veces el fundamento de su fe se debilita.

¿Cómo es que llega la fe verdadera? Romanos 10:17 nos responde esa pregunta: *Así que la fe viene del oír, y el oír, por la palabra de Cristo.* Si queremos tener fe verdadera tenemos que estudiar la Palabra de Dios y descubrir lo que nos promete, y luego simplemente creer esas promesas de Dios. La fe tiene que tener una garantía. Tratar de creer algo que uno quiere creer no es fe. Fe es creer lo que Dios dice en Su Palabra.

Para tener fe cuando oro tengo que encontrar una promesa en la Palabra de Dios sobre la que mi fe pueda apoyarse. Además, la fe viene mediante el Espíritu. El Espíritu conoce la voluntad de Dios y si yo oro en el Espíritu y busco que el Espíritu me enseñe la voluntad de Dios, Él me guiará en la oración de acuerdo a esa voluntad y Él me dará fe de que la oración será respondida. Pero la fe verdadera jamás viene simplemente porque uno decida que obtendrá lo que quiere.

Si no hay promesa en la Palabra de Dios y no hay guía clara del Espíritu, entonces no puede haber fe verdadera y en tal caso debiéramos reprendernos a nosotros mismos por la falta de fe. Pero si lo que deseamos se nos promete en la Palabra de Dios, bien podemos reprendernos por falta de fe si dudamos, porque al dudar de Su Palabra estamos convirtiendo a Dios en mentiroso.

Capítulo 6

Siempre orando, sin desmayar

En dos parábolas del Evangelio de Lucas, Jesús enseña con gran énfasis la lección de que debemos orar siempre, sin cansarnos de la oración. La primera parábola se encuentra en Lucas 11:5-8 y la otra, en Lucas 18:1-8.

También les dijo: "Supongamos que uno de ustedes tiene un amigo, y va a él a media-noche y le dice: 'Amigo, préstame tres panes, porque un amigo mío ha llegado de viaje a mi casa, y no tengo nada que ofrecerle'; y aquel, respondiendo desde adentro, le dice: 'No me molestes; la puerta ya está cerrada, y mis hijos y yo estamos acosta-dos; no puedo levantarme para darte nada'.

*Les digo que aunque no se levante a darle
algo por ser su amigo, no obstante, por su
importunidad se levantará y le dará cuanto
necesite* (Lucas 11:5-8).

*Jesús les contó una parábola para enseñar-
les que ellos debían orar en todo tiempo,
y no desfallecer: "Había en cierta ciudad
un juez que ni temía a Dios ni respetaba a
hombre alguno. También había en aque-
lla ciudad una viuda, la cual venía a él
constantemente, diciendo: 'Hágame usted
justicia de mi adversario'. Por algún tiempo
el juez no quiso, pero después dijo para
sí: 'Aunque ni temo a Dios, ni respeto a
hombre alguno, sin embargo, porque esta
viuda me molesta, le haré justicia; no sea
que por venir continuamente me agote la
paciencia'".*

*El Señor dijo: "Escuchen lo que dijo el juez
injusto. ¿Y no hará Dios justicia a Sus
escogidos, que claman a Él día y noche? ¿Se
tardará mucho en responderles? Les digo
que pronto les hará justicia. No obstante,
cuando el Hijo del Hombre venga, ¿hallará
fe en la tierra?"* (Lucas 18:1-8).

En la primera de estas dos parábolas Jesús presenta la necesidad de importunar en oración y lo hace de manera asombrosa. La palabra *molesta* traduce literalmente un término que significa "sin vergüenza", como si Jesús quisiera que entendiésemos que Dios quiere que acudamos a Él y nos acerquemos con determinación de obtener las cosas que buscamos sin vergüenza ante la aparente negativa o la demora por parte de Dios. Dios se deleita en la santa valentía que no acepta un "no" por respuesta. Es una expresión de gran fe y no hay nada que agrade a Dios más de lo que Le agrada la fe.

Jesús pareció apartar a la mujer sirofenicia casi de modo rudo y maleducado, pero ella no desfalleció y Jesús vio con placer que Lo importunara sin vergüenza. Y dijo: *Oh mujer, grande es tu fe; que te suceda como deseas* (Mateo 15:28). Dios no siempre nos da lo que pedimos la primera vez que oramos por algo. Quiere entrenarnos, hacernos fuertes como hombres y mujeres de oración, haciendo que nos esforcemos y oremos persistentemente por las mejores cosas. Nos hace "vencer con la oración".

Y me alegra que así sea. No hay entrenamiento en la oración más bendecido que el que llega por esa persistencia de pedir y pedir, una y otra vez, incluso a lo largo de muchos años, antes de obtener lo que uno Le pide a Dios. Cuando Dios no les otorga lo que han pedido una o dos veces, hay muchos que hablan de someterse a la voluntad de Dios y dicen: "Bueno, quizá no es la voluntad de Dios". En general, eso no es someterse. Es holgazanería espiritual.

No decimos que es someterse a la voluntad de Dios cuando, tras uno o dos intentos de obtener algo por nuestro propio esfuerzo, ya no insistimos más. Decimos que eso es falta de carácter. Cuando el que es fuerte y proactivo emprende algo con el fin de lograr un objetivo, si no lo logra en el primer intento, en el segundo, o en el centésimo, sigue insistiendo hasta que alcanza su meta. La persona de oración que ora con fuerza, si empieza a orar por algo seguirá orando hasta vencer en la oración y obtener lo que pide.

Debemos tener cuidado en cuanto a qué cosas Le pedimos a Dios, pero cuando empezamos a orar por algo no tenemos que dejar de orar con persistencia hasta obtenerlo o hasta que Dios nos muestre de manera muy clara y definida que no es Su voluntad dárnoslo.

Algunos quieren que creamos que orar dos veces por la misma cosa muestra falta de fe y que tenemos que aceptar por fe pidiendo una sola vez. Sin duda, hay ocasiones en que por fe en la Palabra o mediante la guía del Espíritu Santo recibiremos lo que pedimos una sola vez a Dios. Pero no hay dudas de que hay otras ocasiones en que tenemos que orar una y otra vez por la misma cosa antes de obtener nuestra respuesta.

Los que no quieren orar dos veces por lo mismo han pasado de largo junto al ejemplo de su Maestro.

Dejándolos de nuevo, se fue y oró por tercera vez, y dijo otra vez las mismas palabras (Mateo 26:44).

George Müller[5] oró por dos hombres a diario durante más de sesenta años. Uno de esos hombres se convirtió poco antes de su muerte, creo que en el último servicio que ofició George Müller. El otro se convirtió antes de que hubiera pasado un año desde su muerte. Una de las más grandes necesidades de nuestros tiempos es que haya hombres y mujeres que no solo empiecen a orar por cosas, sino que sigan orando una y otra vez hasta obtener lo que Le piden al Señor.

5   Predicador y misionero inglés del siglo XIX, reconocido por su fe y por haber leído la Biblia más de 200 veces.

Capítulo 7

Permanecer en Cristo

*S*i permanecen en Mí, y Mis palabras permanecen en ustedes, pidan lo que quieran y les será hecho (Juan 15:7). Todo el secreto de la oración se encuentra en estas palabras de nuestro Señor. Tenemos aquí el poder sin límites de la oración: *pidan lo que quieran y les será hecho.*

Hay una forma de pedir y obtener precisamente lo que pedimos, y de recibir todo lo que pedimos. Cristo nos da dos condiciones para esta oración que prevalece y todo lo vence.

La primera condición es *Si permanecen en Mí.* ¿Qué es permanecer en Cristo? Se han propuesto algunas explicaciones tan misteriosas o complejas que para muchos hijos de Dios con mente sencilla, prácticamente no tienen sentido. Lo que Jesús quería decir, sin embargo, era algo muy simple. Se comparaba con la vid. Y a Sus discípulos, con las ramas de la vid.

Algunas ramas continuaban en la vid, es decir, que seguían en unión viva con la vid para que la savia de la vid, la vida, fluyera constantemente hacia esas ramas. No tenían una vida independiente. Todo lo que eran simplemente resultaba de la vida de la vid que fluía hacia ellos. Sus brotes, hojas, pimpollos y frutos no eran realmente suyos, sino brotes, hojas, pimpollos y frutos de la vid.

Otras ramas se habían separado por completo de la vid, o tal vez el fluir de la savia y vida de la vid se veía obstaculizado por algo. Permanecer en Cristo es tener la misma relación con Jesús como lo tiene el primer tipo de ramas con la vid. Permanecer en Cristo es renunciar a una vida independiente, separada. Tenemos que dejar de pensar nuestros pensamientos, dar forma a nuestras resoluciones o cultivar nuestros sentimientos y, más bien, simplemente y constantemente, buscar a Jesús para pensar Sus pensamientos en nuestras mentes, formar Sus propósitos en nosotros y sentir Sus emociones y afectos en nosotros. Es renunciar a toda vida independiente de Cristo y constantemente buscarle a Él para que Su vida fluya hacia nosotros y que la obra de Su vida fluya desde nosotros. Cuando lo hacemos, y en la medida en que lo hagamos, nuestras oraciones obtendrán aquello que buscamos que Dios nos dé.

Será así necesariamente porque nuestros deseos no

serán nuestros, sino los de Cristo; y nuestras oraciones no serán en realidad nuestras propias oraciones, sino Cristo orando en nosotros. Esas oraciones siempre estarán en armonía con la voluntad de Dios y el Padre siempre escucha a Su Hijo. Cuando nuestras oraciones fallan es porque de hecho son oraciones nuestras. Concebimos el deseo y expresamos la petición nosotros mismos, en lugar de buscar que sea Cristo Quien ore en nosotros.

Decir que hemos de permanecer en Cristo en todas nuestras oraciones y buscar a Cristo para orar a través de Él en lugar de orar nosotros mismos es, sencillamente, otra manera de decir que debemos orar "en el Espíritu". Cuando de verdad permanecemos en Cristo nuestros pensamientos no son nuestros, sino Suyos; nuestro gozo no es nuestro, sino Suyo; nuestro fruto no es nuestro, sino Suyo, así como los brotes, hojas, pimpollos y frutos de la rama que permanece en la vid no son brotes, hojas, pimpollos o frutos de la rama, sino de la vid cuya vida fluye a la rama y se manifiesta en esos brotes, hojas, pimpollos y frutos.

Por supuesto que para permanecer en Cristo tenemos que estar ya en Cristo por medio de la aceptación de Jesús como Salvador propiciatorio de la culpa del pecado, el Salvador resucitado que nos salva del poder del pecado, el Señor y Maestro que reina sobre nuestras vidas en todo. Estando en Cristo, todo lo que tenemos que hacer para permanecer (o continuar) en Cristo no es otra cosa más que renunciar a nuestra vida independiente, renunciando por completo a todo pensamiento, todo propósito, todo deseo y todo afecto que sea propio y tan solo buscar día a día, hora a hora, a Jesucristo para que forme en nosotros Sus pensamientos, propósitos, afectos y deseos. Permanecer en Cristo es en realidad algo muy simple, aunque se trata de una maravillosa vida de privilegio y poder.

Hay otra condición establecida en este versículo, que de hecho está relacionada con la primera condición: *y Mis palabras permanecen en ustedes*. Si hemos de obtener de Dios todo lo que Le pedimos, las palabras de Cristo tienen que permanecer o continuar en nosotros. Tenemos que estudiar y verdaderamente devorar Sus palabras, dejando que penetren en nuestros pensamientos y corazones, manteniéndolas en nuestra memoria, obedeciéndolas constantemente en nuestras vidas y haciendo que sean el molde y forma de nuestras vidas cotidianas y de cada una de nuestras acciones.

Es este, en verdad, el método de permanecer en Cristo. Es por medio de Sus palabras que Jesús Se imparte a Sí mismo para con nosotros. Las palabras que Él nos habla son espíritu y vida. *El Espíritu es el que da vida; la carne para nada aprovecha; las palabras que Yo les he hablado son espíritu y son vida* (Juan 6:63).

De nada sirve esperar poder en la oración si no meditamos mucho en las palabras de Cristo, permitiendo que se graben en lo profundo de nuestros corazones y encuentren allí residencia permanente. Hay muchos que se preguntan por qué sus oraciones no tienen poder, y sin embargo la explicación simple de todo eso está en que son negligentes respecto de las palabras de Cristo. No han guardado Sus palabras en lo profundo de sus corazones. Sus palabras no permanecen en ellos.

No es mediante períodos de meditación mística y experiencias emocionales que aprendemos a permanecer en Cristo, sino mediante el alimento que es Su Palabra, Sus palabras escritas que están en la Biblia, y permanecemos en Él al buscar al Espíritu Santo para que implante estas palabras en nuestros corazones y produzca la vida de Sus palabras en nosotros. Si permitimos que las palabras de Cristo permanezcan en nosotros de este modo, esas palabras nos moverán a la oración. Serán el molde que dará forma a nuestras oraciones. Nuestras oraciones necesariamente serán de acuerdo a la voluntad de Dios y prevalecerán ante Él. La oración que prevalece es casi una imposibilidad para quien es negligente respecto del estudio de la Palabra de Dios.

No basta el mero estudio intelectual de la Palabra de Dios. Tenemos que meditar en ella. La Palabra de Dios debe seguir en nuestras mentes todo el tiempo, dando vueltas y vueltas mientras constantemente buscamos a Dios para que Su Espíritu haga de esa Palabra algo que viva en nuestros corazones. La oración que nace de la meditación en la Palabra de Dios es una oración que vuela a lo alto con toda facilidad, hacia el oído atento de Dios.

George Müller, uno de los hombres de oración más potentes de los últimos tiempos, daba inicio a sus momentos de oración leyendo y meditando la Palabra de Dios hasta que del estudio de la Palabra empezara a formarse en su corazón una oración. Así, Dios mismo era el autor verdadero de la oración y Dios respondía las oraciones que Él mismo había inspirado.

La Palabra de Dios es el instrumento con el que obra el Espíritu Santo. En más de un sentido, es la espada del Espíritu. La persona que quiere conocer la obra del Espíritu Santo en lo que sea, tiene que alimentarse de la Palabra. La persona que quiere orar en el Espíritu tiene que meditar mucho en la Palabra para que el Espíritu Santo tenga con qué obrar. El Espíritu Santo obra Sus oraciones en nosotros por medio de la Palabra y ser negligentes en el estudio de la Palabra hace que sea imposible orar en el Espíritu Santo. Si alimentáramos el fuego de nuestras oraciones con el combustible de la Palabra desaparecerían todas nuestras dificultades en la oración.

Capítulo 8

Orar con acción de gracias

Hay palabras que a menudo pasamos por alto en esa lección sobre la oración que nos da Pablo en Filipenses 4:6-7: *Por nada estén afanosos; antes bien, en todo, mediante oración y súplica con acción de gracias, sean dadas a conocer sus peticiones delante de Dios. Y la paz de Dios, que sobrepasa todo entendimiento, guardará sus corazones y sus mentes en Cristo Jesús.* Las palabras que pasamos por alto tantas veces son *con acción de gracias.*

Al acercarnos a Dios para pedir nuevas bendiciones, jamás debiéramos olvidar la acción de gracias por las bendiciones que ya nos ha otorgado. Si cualquiera de nosotros se detuviese a pensar sobre cuántas de las oraciones que ofrecimos a Dios han recibido respuesta y cuán pocas son las veces en que nos volvimos a Dios para agradecer las respuestas, estoy seguro de que nos abrumaría el remordimiento. Al agradecer tenemos que ser igual de directos como lo somos para orar. Acudimos a Dios con necesidades y pedidos muy específicos, pero cuando le agradecemos, nuestro agradecimiento suele ser general y vago.

Sin duda, una de las razones por las que tantas oraciones nuestras carecen de poder es porque hemos sido negligentes en el agradecimiento a Dios por las bendiciones ya recibidas. Si alguien acudiese a nosotros constantemente para pedirnos ayuda pero nunca nos agradeciera por ayudarle, pronto nos cansaríamos de ayudar a esa persona tan ingrata. De hecho, poco después ya dejaríamos de brindar ayuda tan solo para desalentar esa ingratitud. No hay duda de que nuestro Padre celestial, por sabia consideración para con nuestro bienestar, a menudo se negará a responder peticiones que le enviamos para que podamos comprender que somos ingratos y aprendamos a ser agradecidos.

A Dios le apena profundamente la ingratitud y falta de agradecimiento de la que somos culpables tantas personas. Cuando Jesús sanó a los diez leprosos y solamente uno volvió para darle las gracias, Él exclamó asombrado y dolido: *¿No fueron diez los que quedaron limpios? Y los otros nueve, ¿dónde están?* (Lucas 17:17). ¡Cuántas veces nos mirará Él con tristeza porque olvidamos Sus reiteradas bendiciones y frecuentes respuestas a nuestras oraciones!

Dar gracias por las bendiciones que ya recibimos aumenta nuestra fe y nos da la capacidad de acercarnos a Dios con nueva confianza y certeza. Seguramente la razón por la que tantos tienen tan poca fe al orar es porque se toman muy poco tiempo para meditar en las bendiciones ya recibidas y dar gracias a Dios por ellas. Al meditar en las respuestas a oraciones ya respondidas nuestra fe se vuelve más y más confiada y llegamos a sentir en lo profundo del alma que nada hay que sea demasiado difícil para el Señor. Cuando reflexionamos por un lado en la maravillosa bondad de Dios para con nosotros, y por otro lado en lo poco que pensamos en dar las gracias y el poco esfuerzo y tiempo que dedicamos al agradecimiento, venimos en humildad ante Dios y confesamos nuestro pecado.

Los potentes hombres y mujeres de oración que hallamos en la Biblia y los grandes hombres y mujeres de oración a lo largo de los tiempos de la historia de la Iglesia han sido hombres y mujeres muy dedicados a la acción de gracias y la alabanza. David era un gran hombre de oración y en sus salmos abundan la gratitud y la alabanza. Los apóstoles eran grandes hombres de oración y leemos que *estaban siempre en el templo alabando a Dios* (Lucas 24:53). Pablo era un gran hombre de oración y a menudo en sus epístolas irrumpe en específicas acciones de gracias a Dios por bendiciones en particular y respuestas específicas a sus oraciones.

Jesús es nuestro modelo en la oración, así como en

todo lo demás. Al estudiar Su vida hallamos que Su manera de dar gracias ante la comida más simple era tan notable que fue por ello que dos de Sus discípulos le reconocieron después de Su resurrección. *Al sentarse a la mesa con ellos, Jesús tomó pan, y lo bendijo; y partiéndolo, les dio. Entonces les fueron abiertos los ojos y lo reconocieron* (Lucas 24:30-31).

La acción de gracias es uno de los resultados inevitables de ser llenos con el Espíritu Santo y quien no aprende a dar gracias en todo (ver 1 Tesalonicenses 5:18) no puede seguir orando en el Espíritu. Si deseamos aprender a orar con poder, bien nos vendrá que estas palabras se nos graben en el corazón: *con acción de gracias.*

Capítulo 9

Impedimentos en la oración

Hemos mirado con mucha atención las condiciones positivas de la oración que prevalece, pero hay algunas cosas que obstaculizan la oración. Dios ha dejado bien en claro en Su Palabra cuáles son estas cosas.

Encontramos el primer impedimento para la oración en Santiago 4:3: *Piden y no reciben, porque piden con malos propósitos, para gastarlo en sus placeres.*

El motivo egoísta en la oración le roba poder. Muchas oraciones son egoístas. Pueden ser oraciones por cosas que perfectamente están dentro de lo que podemos pedir y Dios tiene voluntad de dárnoslas, pero si el motivo de la oración es totalmente equivocado la oración se derrumba al suelo, sin poder. El verdadero propósito de la oración es que pueda glorificarse a Dios en la respuesta. Si hacemos una petición tan solo para que podamos recibir algo que usemos para nuestro propio placer o gratificación en algún aspecto u otro, estamos pidiendo de manera equivocada y no debiéramos esperar recibirlo. Es esta la explicación a muchas oraciones que quedan sin respuesta.

Por ejemplo, muchas mujeres oran por la conversión de sus esposos. Por cierto, es algo que es muy válido pedir. Pero si el motivo de la mujer que pide por la conversión de su esposo es un motivo egoísta, entonces no corresponde pedirla. Tal vez desee que su esposo se convierta porque para ella sería mucho más agradable tener un esposo que la anime en su andar cristiano. Puede pedir por la salvación de su esposo porque le duele pensar que su marido podría morir y perderse para siempre. Es por alguna razón egoísta como estas que desea que su esposo se convierta. Es una oración puramente egoísta.

¿Por qué debiera desear una mujer la conversión de su esposo? Primero, y ante todo, debiera desear la conversión de su esposo para que se glorifique a Dios, porque no puede soportar la idea de que Dios Padre sea deshonrado por un esposo que pisotea al Hijo de Dios. La esposa podría beneficiarse de la conversión de su esposo y alegrarse de que él pase la eternidad en el Cielo, pero si no tiene como motivo la razón principal, que es la gloria de Dios, entonces equivoca el centro y corazón de la oración.

Muchas personas oran pidiendo un reavivamiento. Ciertamente, esa oración agrada a Dios y está en línea con Su voluntad. Sin embargo, muchas oraciones que piden reavivamientos son pura y llanamente egoístas.

Las iglesias desean reavivamientos para aumentar la cantidad de sus miembros, para tener una posición de mayor poder e influencia en la comunidad, para llenar los tesoros de las iglesias o para que haya un buen informe en la conferencia anual. Por propósitos inferiores como estos a menudo oran pidiendo reavivamiento las iglesias y los pastores y, a menudo también, Dios no responde a esa oración.

¿Por qué deberíamos orar pidiendo reavivamiento? Deberíamos orar pidiendo reavivamiento para la gloria de Dios porque no podemos soportar que Dios siga siendo deshonrado por la mundanalidad de la Iglesia, por los pecados de los incrédulos y por la orgullosa incredulidad que reina hoy. Deberíamos orar pidiendo reavivamiento porque se está desoyendo la Palabra de Dios y para que Dios sea glorificado mediante el derramamiento de Su Espíritu sobre la Iglesia de Cristo. Ante todo y por sobre todo, debemos orar pidiendo reavivamiento por estas razones.

Muchas de las oraciones que piden el Espíritu Santo son oraciones plenamente egoístas. Ciertamente, es voluntad de Dios dar el Espíritu Santo a quienes se lo piden. Él nos lo ha dicho claramente en Su Palabra. *Pues si ustedes siendo malos, saben dar buenas dádivas a sus hijos, ¿cuánto más su Padre celestial dará el Espíritu Santo a los que se lo pidan?* (Lucas 11:13). Sin embargo, muchas oraciones que piden el Espíritu Santo se ven impedidas por el egoísmo del motivo que subyace a ellas.

Hay hombres y mujeres que oran pidiendo el Espíritu Santo para poder ser felices o para ser salvos de la miserable derrota en la que viven, o para tener poder como obreros cristianos o por algún otro motivo puramente egoísta. ¿Qué motivo ha de movernos a orar pidiendo el Espíritu? Para que Dios ya no sea deshonrado por el bajo nivel de nuestras vidas cristianas y nuestra falta de efectividad en el servicio, y para que Dios sea glorificado en la nueva belleza que llega a nuestras vidas y el nuevo poder que tendrá nuestro servicio.

El segundo impedimento para la oración aparece en Isaías 59:1-2: *La mano del Señor no se ha acortado para salvar; ni Su oído se ha endurecido para oír. Pero las iniquidades de ustedes han hecho separación entre ustedes y su Dios, y los pecados le han hecho esconder Su rostro para no escucharlos.* El pecado es impedimento para la oración. Hay muchos que oran, oran y oran, pero no obtienen respuesta alguna a su oración. Tal vez se sientan tentados a pensar que no está en la voluntad de Dios responderles o quizá piensen que los tiempos en que Dios respondía a la oración, si es que lo hacía, ya han quedado en el pasado.

Es esto lo que parecían pensar los israelitas. Pensaban que la mano del Señor se había acortado, que no podía salvar y que Su oído ya no podía oír. "No es así", dijo Isaías. "Los oídos de Dios están abiertos como siempre. Su mano sigue siendo poderosa para salvar, pero hay un impedimento. Ese impedimento está en los pecados de ustedes". *La mano del Señor no se ha acortado para salvar; ni Su oído se ha endurecido para oír. Pero las iniquidades de ustedes han hecho separación entre ustedes y su Dios, y los pecados le han hecho esconder Su rostro para no escucharlos* (Isaías 59:1-2).

Lo mismo sucede hoy. Muchos claman a Dios en vano simplemente a causa del pecado que hay en sus vidas. Puede ser algún pecado del pasado que quedó sin confesar ni juzgar o quizá algún pecado del presente que se atesora y muy probablemente ni siquiera se considera pecado, pero allí está, oculto en algún lugar del corazón o la vida. Y Dios, entonces, esconderá *Su rostro para no escucharlos*.

Quien encuentre que sus oraciones no son efectivas no debiera llegar a la conclusión de que lo que pide a Dios no es acorde a Su voluntad. Más bien, debiera buscar estar a solas con Dios y adoptar la oración del salmista: *Escudríñame, oh Dios, y conoce mi corazón; pruébame y conoce mis inquietudes. Y ve si hay en mí camino malo,* y guíame *en el camino eterno* (Salmos 139:23-24). Entonces ha de esperar ante Dios hasta tanto Él señale aquello que a Sus ojos es desagradable. Y ese pecado habrá de confesarlo y apartarse de él.

Recuerdo una época de mi vida en que yo oraba por dos cosas determinadas que me parecía que tenía que tener para que Dios no quedara en deshonra. Pero la respuesta no llegaba. Desperté en medio de la noche con mucho dolor físico y angustia del alma. Clamé a

Dios en cuanto a estas cosas y razonaba con Él sobre lo necesario que era que me las diese, y de inmediato. Pero no recibí respuesta.

Le pedí a Dios que me mostrara si había algo malo en mi vida. Y me vino a la mente algo que a menudo ya había pasado por mis pensamientos, algo específico que yo no quería confesar como pecado. Le dije a Dios: "Si esto es lo que está mal, lo dejaré". Tampoco entonces obtuve respuesta. En lo profundo de mi corazón, aunque yo jamás lo había admitido, sabía que estaba mal.

Finalmente dije: "Esto está mal. He pecado. Lo dejaré". Y encontré la paz. En momentos nada más, dormía como un niño. Por la mañana desperté sintiéndome físicamente bien y ese dinero que tanto necesitaba para honra del nombre de Dios, llegó.

El pecado es una cosa horrible, y una de las cosas más terribles del pecado es la forma en que constituye un impedimento para la oración, esa forma de cortar la conexión entre nosotros y la fuente de toda gracia, poder y bendición. Quien quiera tener poder en la oración tiene que ocuparse de sus propios pecados sin misericordia alguna. *Si observo iniquidad en mi corazón, el Señor no me escuchará* (Salmos 66:18).

Mientras nos aferremos al pecado o tengamos controversia con Dios, no podemos esperar que Él preste atención a nuestras oraciones. Si hay algún pecado o disputa que constantemente surge en tus momentos de cercana comunión con Dios, entonces esa es la cosa que constituye impedimento para la oración. Apártate de eso.

El tercer impedimento para la oración está en Ezequiel 14:3: *Hijo de hombre, estos hombres han erigido sus ídolos en su corazón, y han puesto delante de su rostro lo que los hace caer en su iniquidad. ¿Me dejaré Yo consultar por ellos?* Los ídolos que están en el corazón hacen que Dios se niegue a responder a nuestras oraciones.

Y ¿qué es un ídolo? Un ídolo es cualquier cosa que ocupa el lugar que le corresponde a Dios. Es cualquier cosa que sea el objeto supremo de nuestros afectos. Solamente Dios tiene derecho a ocupar el lugar supremo en nuestros corazones. Todo lo demás ha de subordinarse a Él.

Muchas veces un hombre convierte en ídolo a su esposa. No es que un hombre no pueda amar demasiado a su esposa, pero sí puede ubicarla en el lugar equivocado y ponerla por delante de Dios, y cuando un hombre considera lo que su esposa quiere antes de lo que quiere Dios, cuando le da a ella el primer lugar y a Dios lo deja en el segundo, entonces su esposa es un ídolo y Dios no puede oír sus oraciones.

Una mujer puede convertir a sus hijos en ídolos. Ciertamente está claro que no hay tal cosa como amar demasiado a los hijos. Cuanto más amamos a Cristo, tanto más amamos a nuestros hijos. Pero es que ponemos a nuestros hijos en el lugar equivocado. Podemos ponerlos por delante de Dios y poner sus intereses por encima de los intereses de Dios. Cuando hacemos esto convertimos en ídolos a nuestros hijos.

Muchas personas convierten en ídolos a sus reputaciones o negocios. Si pones tu reputación o negocio por delante de Dios, Él no puede oír tus oraciones.

Si realmente queremos tener poder en la oración hay una gran pregunta que tenemos que responder, y es si Dios ocupa el primer lugar absoluto en nuestras vidas. ¿Está por delante de la esposa, el esposo, los hijos, la reputación, los negocios, por delante de nuestra vida misma? Si no es así, la oración que prevalece es imposible.

Dios a menudo llama nuestra atención hacia el hecho de que tenemos un ídolo en la vida, y lo hace cuando no responde a nuestras oraciones, guiándonos a preguntar por qué no recibimos respuesta para luego descubrir al ídolo, apartarlo, y así Dios sí oye nuestras oraciones.

El cuarto impedimento para la oración se encuentra en Proverbios 21:13: *El que cierra su oído al clamor del pobre, también él clamará y no recibirá respuesta.* Quizá no haya mayor impedimento para la oración que la tacañería, la falta de generosidad para con los pobres y la obra de Dios. La persona que da con generosidad a otros recibe de Dios con generosidad. *Den, y les será dado; medida buena, apretada, remecida y rebosante, vaciarán en sus regazos. Porque con la medida con que midan, se les volverá a medir* (Lucas 6:38). El hombre generoso es el hombre potente en la oración. El hombre tacaño es el que no tiene poder alguno en la oración.

Una de las declaraciones más maravillosas acerca de la oración que prevalece, y a la que ya hicimos referencia, está en 1 Juan 3:22: *Y todo lo que pidamos lo recibimos de Él, porque guardamos Sus mandamientos y hacemos las cosas que son agradables delante de Él.* La afirmación es en relación directa con la generosidad para con los necesitados. En el contexto se nos dice que cuando amamos, no de palabra o con la lengua sino en obras y en verdad, cuando abrimos el corazón hacia el hermano en necesidad, entonces y solo entonces podemos tener confianza en la oración a Dios.

Hay muchos hombres y mujeres que están tratando de encontrar el secreto de su falta de poder en la oración, y no necesitan buscar muy lejos. No es ni más ni menos que la lisa y llana tacañería. George Müller, a quien ya nos referimos antes, era un potente hombre de oración porque era un dador potente también. Lo que recibía de Dios jamás se le quedaba pegado en los dedos. De inmediato lo pasaba a otros. Recibía constantemente porque daba constantemente.

Cuando uno piensa en el egoísmo de la mayoría de las iglesias de hoy, en que muchas iglesias aquí promedian muy poca ofrenda anual por miembro a las misiones en el extranjero, no tenemos que preguntarnos por qué la mayoría tiene tan poco poder en la oración. Si queremos que Dios responda a nuestras oraciones, tenemos que dar. Tal vez, la promesa más maravillosa de la Biblia en cuanto a la provisión de Dios para cubrir nuestras necesidades está en Filipenses 4:19: *Y mi Dios proveerá a todas sus necesidades, conforme a sus riquezas en gloria en Cristo Jesús.* Esta gloriosa promesa a la iglesia filipense tiene relación directa con su generosidad.

El quinto impedimento para la oración está en Marcos 11:25: *Y cuando estén orando, perdonen si tienen algo contra alguien, para que también su Padre que está en los cielos les perdone a ustedes sus transgresiones.* El espíritu que no perdona es uno de los impedimentos más comunes para la oración. La respuesta a la oración parte de la base de que nuestros pecados nos son perdonados. Pero Dios no puede relacionarse con nosotros sobre la base de la oración mientras alberguemos amargura o resentimiento contra aquellos que nos han hecho mal. Quien se aferra al rencor contra alguien cierra del todo el oído de Dios a sus propias oraciones.

Muchas personas claman a Dios por la conversión de un esposo, una esposa, un padre, una madre, un hijo, una hija, un amigo, una amiga. Y se preguntan por qué su oración no tiene respuesta cuando el secreto está en el rencor que albergan en sus corazones contra alguien que les ha hecho daño o que ellos piensan que les ha perjudicado. Muchas madres y muchos padres permiten así que sus hijos vayan sin salvación a la eternidad, tan solo por la mísera gratificación que les da el odiar a alguien.

El sexto impedimento para la oración aparece en 1 Pedro 3:7: *Ustedes, maridos, igualmente, convivan de manera comprensiva con sus mujeres, como con un vaso más frágil, puesto que es mujer, dándole honor por ser heredera como ustedes de la gracia de la vida, para que sus oraciones no sean estorbadas.* Aquí se nos dice con claridad que la mala relación entre el esposo y la esposa es un impedimento para la oración.

En muchos casos las oraciones de los esposos se ven impedidas porque ellos no cumplen con sus deberes para con sus esposas. Por otra parte, seguramente también es cierto que las oraciones de las esposas se ven impedidas porque ellas no cumplen con sus deberes para con sus esposos. Si unos y otras buscaran con diligencia la causa de la falta de respuesta a sus oraciones, muchas veces hallarían que la causa está en su relación como matrimonio.

Muchos hombres se muestran muy piadosos y su imagen es la de activos obreros cristianos. Pero para con sus esposas tienen poca consideración. No suelen ser amables y hasta son malos con ellas. Luego se preguntan por qué no reciben respuesta a sus oraciones. El versículo que acabamos de citar explica este aparente misterio. Por otro lado, muchas mujeres que son muy devotas a su iglesia y muy fieles asistentes tratan a sus esposos con negligencia más que imperdonable y se irritan o pelean con ellos, hiriéndoles con lengua afilada y malhumor o enojo, y luego se preguntan por qué sus oraciones no tienen poder alguno.

Hay otras cosas en la relación matrimonial que no pueden tratarse en público, pero que sin duda son impedimentos al acercarnos a Dios en oración. Muchos pecados se cubren bajo el santo nombre del matrimonio, pero llevan a la muerte espiritual y a la falta de poder en la oración. Los hombres o mujeres cuyas oraciones no parecen recibir respuesta debieran presentar toda su vida matrimonial ante Dios y pedirle que ponga Su mano sobre lo que sea que cause desagrado a Sus ojos.

El séptimo impedimento para la oración está en Santiago 1:5-7: *Y si a alguno de ustedes le falta sabiduría, que se la pida a Dios, quien da a todos abundantemente y sin reproche, y le será dada. Pero que pida con fe, sin dudar. Porque el que duda es semejante a la ola del mar, impulsada por el viento y echada de una parte a otra. No piense, pues, ese hombre, que recibirá cosa alguna del Señor.*

Las oraciones se ven impedidas por la incredulidad. Dios exige que creamos Su Palabra incondicionalmente, completamente. Cuestionar a Dios es hacer de Él un mentiroso. Muchos hacemos eso cuando rogamos Sus promesas, ¿y nos preguntamos luego por qué no recibimos respuesta a la oración? ¿Cuántas oraciones se ven impedidas a causa de nuestra vergonzante incredulidad? Acudimos a Dios y le pedimos algo que está prometido fehacientemente en Su Palabra, y luego tan solo creemos a medias en que nos lo dará. *No piense, pues, ese hombre que recibirá cosa alguna del Señor.*

Capítulo 10

Cuándo orar

Si queremos experimentar la plenitud de la bendición que se encuentra disponible en la vida de oración, es importante no solo que oremos como corresponde, sino también que lo hagamos en el momento propicio. El ejemplo de Cristo mismo abunda en sugerencias en cuanto al momento adecuado para orar.

En Marcos 1:35 leemos: *Levantándose muy de mañana, cuando todavía estaba oscuro, Jesús salió y fue a un lugar solitario, y allí oraba.* Jesús elegía las primeras horas de la mañana para orar.

De los más potentes hombres de Dios, muchos siguieron el ejemplo del Señor en esto. En las primeras horas de la mañana la mente está fresca, en su mejor condición, sin distracciones. Es esa hora temprana en que es posible esa absoluta concentración en Dios que resulta esencial para la oración más efectiva. Además, cuando pasamos en oración las primeras horas, resulta santificado el día en su totalidad y obtenemos poder para vencer sus tentaciones y cumplir con nuestros deberes.

Se puede lograr más en la oración de las primeras horas del día que en cualquier otro momento. Todo hijo de Dios que quiera aprovechar al máximo su vida al servicio de Cristo debiera apartar la primera parte del día para encontrarse con Dios en el estudio de Su Palabra y en la oración. Lo primero que debiéramos hacer cada día es estar a solas con Dios y enfrentar las obligaciones, tentaciones y servicio de ese día obteniendo de Dios las fuerzas para todo eso. Deberíamos lograr la victoria antes de que llegue la hora de la prueba, de la tentación o el servicio. Ese lugar secreto de oración es donde peleamos nuestras batallas y obtenemos nuestras victorias.

En Lucas 6:12 leemos más acerca del momento adecuado para orar: *En esos días Jesús se fue al monte a orar, y pasó toda la noche en oración a Dios.* Vemos aquí a Jesús orando de noche, pasando la noche entera en oración. Por supuesto que no hay razón para suponer que era esta la práctica constante de nuestro Señor y tampoco sabemos qué tan común era la práctica. Pero ciertamente hubo momentos en que pasaba la noche entera en oración. También en esto haremos bien en seguir los pasos del Maestro.

Es evidente que hay también formas de apartar noches para orar sin que haya beneficios, y es cuando se hace por puro legalismo. Sin embargo, que se haga abuso de tal práctica no es razón para que la descartemos. Uno no debería decir: "Pasaré toda la noche en oración", pensando que hay en ello mérito que nos ganará el favor de Dios. Eso es legalismo.

Pero sí haremos bien si decimos: "Apartaré esta noche para encontrarme con Dios y obtener Su bendición y poder. Y si es necesario y así me guía Él a hacerlo, dedicaré la noche entera a la oración". Muchas veces habremos orado por todo lo que queríamos orar antes de que termine la noche y podemos acostarnos y dormir mucho mejor con un descanso que nos devuelve vigor, un sueño más reparador que si no hubiéramos pasado parte de esa noche en oración. En otras ocasiones Dios nos mantendrá en comunión con Él hasta la mañana y cuando haga eso en Su infinita gracia, ¡son realmente benditas esas horas nocturnas de oración!

Las noches de oración a Dios se ven seguidas de días de poder con las personas. Es que durante la noche el mundo calla, duerme, y nos resulta más fácil estar a solas con Dios sin que nada perturbe nuestra comunión con Él. Si apartamos la noche entera para orar, no habrá apuro y tendremos tiempo para que nuestros corazones se aquieten ante Dios. Habrá tiempo para que la mente toda se deje guiar por el Espíritu Santo. Habrá mucho tiempo para orar por todo. Y la noche de oración ha de ponerse enteramente bajo el control de Dios. No tenemos que establecer reglas en cuanto a las horas que dedicaremos o a las cosas por las que vamos a orar. Más bien, se trata de estar dispuestos a esperar en Dios durante el tiempo que Él determine y dejarnos guiar en la dirección que Él decida.

Jesucristo oró antes de todos los sucesos críticos de Su vida en la tierra. Oró antes de elegir a los doce discípulos, antes del Sermón del monte, antes de salir a evangelizar por diferentes lugares, antes de Su unción con el Espíritu Santo y de Su entrada en Su ministerio público, antes de anunciarles a los doce que pronto moriría y antes del gran sacrificio de Su vida en la cruz.

> *En esos días Jesús se fue al monte a orar,*
> *y pasó toda la noche en oración a Dios.*
> *Cuando se hizo de día, llamó a Sus discípu-*
> *los y escogió doce de ellos, a los que también*
> *dio el nombre de apóstoles* (Lucas 6:12-13).

> *Estando Jesús orando a solas, estaban con*
> *Él los discípulos, y les preguntó: "¿Quién*
> *dicen las multitudes que soy Yo?"... Pero*
> *Jesús, advirtiéndoles severamente, les*
> *mandó que no dijeran esto a nadie, y les*
> *dijo: "El Hijo del Hombre debe padecer*
> *mucho, y ser rechazado por los ancianos,*
> *los principales sacerdotes y los escribas,*
> *y ser muerto, y resucitar al tercer día"*
> (Lucas 9:18, 21-22).

*Y aconteció que cuando todo el pueblo
era bautizado, Jesús también fue bautizado; y mientras Él oraba, el cielo se abrió,
y el Espíritu Santo descendió sobre Él en
forma corporal, como una paloma, y vino
una voz del cielo, que decía: "Tú eres Mi
Hijo amado, en Ti me he complacido"*
(Lucas 3:21-22).

*Levantándose muy de mañana, cuando
todavía estaba oscuro, Jesús salió y fue a
un lugar solitario, y allí oraba. Simón y sus
compañeros salieron a buscar a Jesús. Lo
encontraron y le dijeron: "Todos te buscan".
Jesús les respondió: "Vamos a otro lugar, a
los pueblos vecinos, para que Yo predique
también allí, porque para eso he venido"*
(Marcos 1:35-38).

*Saliendo Jesús, se encaminó, como de cos-
tumbre, hacia el monte de los Olivos; y los
discípulos también lo siguieron. Cuando
llegó al lugar, les dijo: "Oren para que no
entren en tentación". Y se apartó de ellos
como a un tiro de piedra, y poniéndose de
rodillas, oraba, diciendo: "Padre, si es Tu
voluntad, aparta de Mí esta copa; pero
no se haga Mi voluntad, sino la Tuya".*

Entonces se apareció un ángel del cielo, que lo fortalecía. Y estando en agonía, oraba con mucho fervor; y Su sudor se volvió como gruesas gotas de sangre, que caían sobre la tierra. Cuando se levantó de orar, fue a los discípulos y los halló dormidos a causa de la tristeza, y les dijo: "¿Por qué duermen? Levántense y oren para que no entren en tentación" (Lucas 22:39-46).

Jesús se preparaba para una crisis muy importante con un largo tiempo de oración. Nosotros debiéramos hacer lo mismo. Cada vez que vemos que se aproxima una crisis en la vida, cualquiera sea, debiéramos prepararnos para ella con un tiempo de oración muy definida a Dios. Para esa oración tenemos que apartar mucho tiempo.

Cristo no solo oraba antes de los grandes sucesos y victorias de Su vida, sino que también oraba después de grandes logros y crisis importantes. Había alimentado a los cinco mil con las cinco hogazas y dos pescados y la multitud deseaba tomarle para convertirlo en rey, y después de decirles que se fueran, subió solo a la montaña para orar. Pasó allí horas a solas en oración a Dios. Y así iba, de victoria en victoria.

Después de despedir a la multitud, subió al monte a solas para orar; y al anochecer, estaba allí solo (Mateo 14:23).

Por lo que Jesús, dándose cuenta de que
iban a venir y por la fuerza hacerle rey, se
retiró Él solo otra vez al monte (Juan 6:15).

Es más común para la mayoría de nosotros orar antes que después de los grandes sucesos de la vida, pero es tan importante hacerlo después como lo es hacerlo antes. Si oráramos después de los grandes logros en la vida, podríamos pasar a cosas más grandes todavía. De hecho, muchas veces o bien nos sentimos importantes y orgullosos, o quedamos exhaustos por las cosas que hacemos en el nombre del Señor, y entonces no avanzamos más allá. Muchos hombres han recibido poder en respuesta a la oración, logrando grandes cosas en el nombre del Señor. Pero cuando lograban estas grandes cosas en lugar de ir a estar a solas con Dios y humillarse ante Él y darle toda la gloria por lo logrado, se felicitaban a sí mismos por los logros y se volvieron orgullosos, lo cual forzó a Dios a dejarles de lado. Las grandes cosas que hicieron no se vieron seguidas de la humillación de sí mismos y de la oración a Dios, por lo cual el orgullo logró entrar y ese hombre potente perdió el poder de Dios.

Jesucristo le daba un tiempo especial a la oración cuando la vida se volvía muy ocupada. En esos momentos se retiraba, alejado de las multitudes que le rodeaban, y se iba al desierto para orar. Por ejemplo, leemos lo siguiente en Lucas 5:15-16: *Su fama se difundía cada vez más, y grandes multitudes se congregaban para oír a Jesús y ser sanadas de sus enfermedades. Pero con frecuencia* Él se retiraba a *lugares solitarios y oraba.*

Hay personas que están tan ocupadas que no encuentran tiempo para la oración. Aparentemente, cuanto más ocupado estaba Cristo tanto más oraba. A veces no tenía tiempo para comer. *Jesús llegó a una casa, y la multitud se juntó de nuevo, a tal punto que ellos ni siquiera podían comer* (Marcos 3:20). En ocasiones no tenía tiempo para el necesario descanso o sueño. *Y Él les dijo: "Vengan, apártense de los demás a un lugar solitario y descansen un poco". Porque había muchos que iban y venían, y ellos no tenían tiempo ni siquiera para comer. Y se fueron en la barca a un lugar solitario, apartado. Pero la gente los vio salir, y muchos los reconocieron y juntos corrieron allá a pie de todas las ciudades, y llegaron antes que ellos* (Marcos 6:31-33). Sin embargo, Jesús siempre se tomaba tiempo para orar. Cuando más trabajo tuviese, más oraba.

Muchos de los potentes hombres de Dios aprendieron este secreto de Cristo y cuando el trabajo aumenta y es mayor al habitual, apartan una cantidad inusual de tiempo para orar. Y otros hombres de Dios que alguna vez fueron potentes, perdieron su poder porque no aprendieron este secreto y permitieron que las muchas ocupaciones le quitaran tiempo a la oración.

Hace años, junto con otros estudiantes de teología, tuve el privilegio de formular algunas preguntas a uno de los cristianos más útiles de su época. Me sentí guiado a preguntarle:

— ¿Qué pude decirnos acerca de su vida de oración?

El hombre se mantuvo en silencio durante un momento y luego, mirándome con sinceridad a los ojos, respondió:

— Bueno, tengo que admitir que últimamente he tenido tanto trabajo que no le he dado a la oración el tiempo debido.

¿Es de extrañar que este hombre perdiera poder y que la gran obra que cumplía pronto se viese muy limitada? No olvidemos nunca que cuando más presionados estamos por el trabajo, tanto más tiempo tenemos que pasar en oración.

Jesucristo oraba temprano por la mañana y tarde por la noche. Oraba antes y después de los sucesos importantes de Su vida. Oraba cuando estaba especialmente ocupado. También oraba antes de las grandes pruebas de Su vida. Cuando se acercaba más y más a la cruz y sabía que en esa cruz pronto enfrentaría la gran prueba final de Su vida, Jesús se fue al jardín a orar. *Entonces Jesús llegó con ellos a un lugar que se llama Getsemaní, y dijo a Sus discípulos: "Siéntense aquí mientras Yo voy allá y oro"* (Mateo 26:36). Esa noche en el jardín de Getsemaní se obtuvo la victoria del Calvario. La calma majestad de Su actitud al enfrentar los terribles ataques de la sala de juicio de Pilatos y del Calvario fue resultado de Su angustia, agonía y victoria en Getsemaní. Mientras Jesús oraba, los discípulos dormían. Él se mantuvo firme en tanto que ellos se derrumbaron.

Muchas de las pruebas de la vida llegan sin que las esperemos, sin anunciarse, y lo único que podemos hacer es clamar a Dios pidiendo ayuda en esos momentos. Pero hay muchas tentaciones de la vida que sí podemos ver que se acercan a la distancia y en esos casos deberíamos ganar la victoria antes de que nos llegue el momento de la dificultad.

1 Tesalonicenses 5:17 dice: *Oren sin cesar.* Y Efesios 6:18 dice *oren en todo tiempo en el Espíritu.* Toda nuestra vida debería ser una vida de oración. Debiéramos caminar en constante comunión con Dios. Nuestras almas debieran estar continuamente mirando hacia Dios. Tendríamos que andar tan habitualmente en Su presencia como para que al despertar en medio de la noche lo más natural del mundo para nosotros fuese hablar con Dios, en acción de gracias o en petición.

Capítulo 11

La necesidad de un reavivamiento general

Para orar adecuadamente en un momento como el que vivimos, gran parte de nuestra oración debería ser por un reavivamiento general. Si ha habido un momento en que hace falta clamar a Dios, ese momento es hoy. Deberíamos orar las palabras del salmista: *¿No volverás a darnos vida para que Tu pueblo se regocije en Ti?* (Salmos 85:6). *Es tiempo de que actúe el Señor, porque han quebrantado Tu ley* (Salmos 119:126).

Tanto el mundo como la Iglesia están dejando de lado la voz del Señor que se nos ha dado en la Palabra escrita. Eso no implica que sean tiempos de desaliento. La persona que cree en Dios y cree en la Biblia jamás podrá ceder al desaliento. Más bien, es el tiempo para que Dios mismo obre. El cristiano inteligente, el centinela despierto sobre las murallas de Sión, bien puede clamar junto con el salmista del pasado: *Es tiempo de que actúe el Señor, porque han quebrantado Tu ley* (Salmos 119:126).

La gran necesidad de hoy es la de un reavivamiento general. Consideremos ante todo qué es un reavivamiento general. Un reavivamiento es un tiempo de vida que se extiende y anima. Solamente Dios puede dar vida y el reavivamiento es cuando Dios visita a Su pueblo, impartiéndole nueva vida mediante el poder de Su espíritu y a través de ellos imparte vida a los pecadores, muertos en las transgresiones y los pecados.

Encontramos la excitación y emoción religiosa que promueven los métodos engañosos y esa encantadora influencia de los evangelistas que no son más que meros profesionales. Pero eso no es reavivamiento y tampoco es eso lo que hace falta. Esas cosas son tan solo imitaciones diabólicas de un reavivamiento. Pero la nueva vida que da Dios, eso sí es reavivamiento. Un reavivamiento general es cuando esta nueva vida que Dios da no se ve limitada a localidades dispersas, sino que es general en todo el mundo cristiano y en la tierra toda.

La razón por la que se necesita un reavivamiento general es que la hambruna espiritual, la desolación y la muerte son generales. No se limitan a un solo país a pesar de que puedan ser más notorias o visibles en determinados países si los comparamos con otros. Están en los campos de misión en el extranjero y también en los de nuestra localidad. Hemos tenido reavivamientos locales. El Espíritu de Dios, dador de vida, ha soplado Su aliento sobre determinados predicadores, iglesias y comunidades, pero desesperadamente necesitamos un reavivamiento que sea extenso y general.

Veamos cuáles son los resultados de un reavivamiento. Son resultados que se ven en los pastores, en las iglesias y en los que no son salvos.

¿Cuáles son algunos resultados del reavivamiento en un pastor?

- El pastor renueva su amor por las almas. En general, los pastores no tienen ese amor por las almas que tendrían que tener, ni tal amor por las almas como lo tenía Jesús, ni ese amor por las almas como lo tenía Pablo. Pero cuando Dios visita a Su pueblo, los corazones de los pastores se llenan de una gran carga por los que no son salvos. Y salen con anhelo profundo de salvar, quieren la salvación de las personas. Olvidan su ambición de predicar bellos sermones y ser conocidos, para simplemente desear la visión de más personas que llegan a Cristo.

- Cuando llegan los verdaderos reavivamientos los pastores renuevan su amor por la

Palabra de Dios y tienen una fe nueva en la Palabra de Dios. Echan al viento sus dudas y críticas de la Biblia y empiezan a predicar la Biblia. En especial, predican a Cristo crucificado. Los reavivamientos hacen que se vuelvan estrictos aquellos pastores que son relajados en sus doctrinas. Un reavivamiento auténtico y extendido hará más por revolucionar lo establecido y enderezar lo torcido que todos los juicios a herejes que se hayan instituido en la historia.

- Los reavivamientos les dan a los pastores nuevo poder y nueva libertad en la predicación. Preparar el sermón ya no es una tarea que lleva una semana, ni resulta agotador para los nervios predicarlo después de haberlo preparado. Predicar se vuelve un gozo, algo que refresca, y en tiempos de reavivamiento la predicación tiene poder.

Los resultados de un reavivamiento en los cristianos son en general tan inequívocos como sus resultados en el ministerio.

- En tiempos de reavivamiento los cristianos se apartan del mundo y viven vidas separadas. Los cristianos que han estado ligados al mundo, atrapados por el entretenimiento, la moda, los deportes, los placeres terrenales y otras necedades mundanas, abandonan esas cosas. Encuentran que son cosas incompatibles con la vida en abundancia, la luz y la santidad.

- En tiempos de reavivamiento los cristianos tienen un nuevo espíritu de oración. Las reuniones de oración ya no son una obligación, sino que se convierten en la necesidad del corazón hambriento y persistente. La oración en privado se hace con renovado fervor. La voz de la oración sincera a Dios llega a Sus oídos de día y de noche. Las personas ya no preguntan: "¿Responde Dios a la oración?", sino que saben que sí lo hace y persisten ante el trono de gracia de día y de noche.

- En tiempos de reavivamiento los cristianos salen a trabajar por las almas perdidas. No van a los servicios de la iglesia tan solo para disfrutarlos y ser bendecidos. Salen para estar vigilantes, buscando almas perdidas para llevarlas a Cristo. Hablan con la gente en las calles, en las tiendas, en sus casas. La cruz de Cristo, la salvación, el Cielo y el infierno se convierten en temas de conversación constante. La política, los deportes, el clima, la ropa nueva y las novelas recientemente publicadas quedan en el olvido.

• En tiempos de reavivamiento los cristianos tienen un nuevo gozo en Cristo. La vida es alegría, y una vida nueva es alegría nueva. Los días del reavivamiento son días alegres, días del Cielo en la tierra.

• En tiempos de reavivamiento los cristianos tienen nuevo amor por la Palabra de Dios. Quieren estudiarla de día y de noche. Los reavivamientos son perjudiciales para los bares, los clubes, los teatros, pero resultan buenos para las librerías cristianas y las sociedades bíblicas.

Los reavivamientos también tienen una clara influencia en el mundo que no es salvo

• Ante todo, los reavivamientos traen consigo la profunda convicción del pecado. Jesús dijo que cuando viniera el Espíritu, Él convencería del pecado al mundo. *Pero Yo les digo la verdad: les conviene que Yo me vaya; porque si no me voy, el Consolador no vendrá a ustedes; pero si me voy, se lo enviaré. Y cuando Él venga, convencerá al mundo de pecado, de justicia y de juicio* (Juan 16:7-8). Cuando el reavivamiento viene del Espíritu Santo siempre hay nueva convicción del pecado. Si vemos algo que la gente llama reavivamiento y no hay convicción del pecado, podemos saber de inmediato que se trata de una imitación.

• Los reavivamientos traen conversión y regeneración. Cuando Dios refresca y renueva a Su pueblo, también convierte a los pecadores. El primer resultado de Pentecostés fue una nueva vida y poder para los 120 discípulos que estaban en el aposento alto. El segundo resultado fueron las tres mil conversiones en un solo día. Siempre sucede así. A menudo oigo hablar de reavivamientos en diferentes lugares donde los cristianos se emocionaron mucho, pero no hubo conversiones. Tengo mis dudas acerca de esa clase de reavivamiento. Cuando los cristianos de veras se refrescan y renuevan, van a buscar a los que no son salvos con oración, con testimonio y persuasión, y hay conversiones.

Por qué hace falta un reavivamiento general

Vemos lo que es un reavivamiento general, y lo que

hace. Veamos ahora por qué hace falta en este momento. Pienso que la sola descripción de lo que es y lo que hace nos muestra que lo necesitamos desesperadamente, pero veamos algunas de las condiciones específicas que hay hoy y que nos muestran la necesidad de un reavivamiento. Al mostrar estas condiciones es probable que me llamen pesimista. Si enfrentar los hechos hace que me digan que soy pesimista, entonces estoy dispuesto a que así sea. Si para ser optimista uno tiene que cerrar los ojos y decir que lo negro es blanco, que el error es la verdad, que el pecado es justicia y la muerte es vida, entonces no quiero que me llamen optimista. Aunque sí lo soy. Señalar las condiciones reales nos llevará a una condición mejor.

Veamos primero el ministerio

- Muchos de los que se llaman ministros bíblicos son prácticamente infieles. Son palabras directas, pero también es un hecho que no puede rebatirse. No hay diferencia esencial entre las enseñanzas de Thomas Paine y Bob Ingersoll[6] y las de algunos de nuestros profesores de teología. Estos últimos no son tan rudos y francos y se expresan de manera más elegante con

6 Thomas Paine (1737-1809) fue uno de los Padres Fundadores de los EE.UU. menos religiosos, a menudo considerado como deísta en el mejor de los casos. Robert Ingersoll (1833-1899) fue un abogado y político estadounidense cuyas creencias le merecieron el mote de "el gran agnóstico".

frases académicas, pero el significado es el mismo. Gran parte de lo que hoy se llama nuevo aprendizaje y crítica elevada no es más que una versión endulzada de la incredulidad de Tom Paine. El profesor Howard Osgood, verdadero académico y no mero eco de la crítica bíblica alemana, leyó en una ocasión la declaración de ciertos puntos de vista y preguntó si representaban la crítica académica de hoy. Cuando le respondieron que sí, sorprendió a su audiencia al decir: "Lo estoy leyendo de *La edad de la razón* de Tom Paine".

- No hay casi nada nuevo en la crítica elevada. Nuestros futuros ministros a menudo estudian bajo profesores incrédulos, y como son jóvenes fáciles de influenciar cuando ingresan a la universidad o el seminario, naturalmente resultan ser infieles en muchos casos y luego salen a envenenar a la Iglesia.

- Incluso cuando tenemos ministros ortodoxos, y muchos lo son gracias a Dios, no suelen ser hombres de oración. ¿Cuántos pastores modernos saben lo que es luchar en oración o pasar en oración buena parte de la noche? No sé cuántos serán los que sí lo hagan. Pero sé que son muchos los que no lo hacen.

- Muchos pastores no tienen amor por las almas. No son muchos los que predican porque sienten la profunda urgencia de predicar, o porque sienten que hay gente que perece en todas partes, o porque con la predicación esperan salvar a algunos. No son muchos los que hacen el seguimiento de su predicación como lo hacía Pablo, rogándoles a todos en todas partes que se reconciliaran con Dios.

- Tal vez ya se ha dicho lo suficiente sobre los pastores, pero es evidente que hace falta un reavivamiento por su bien, porque de otro modo habrá algunos que tendrán que presentarse ante Dios abrumados por el remordimiento en el terrible día del juicio que ciertamente vendrá.

Ahora miremos a la Iglesia

- Veamos el estado doctrinal de la Iglesia. Es bastante malo. Muchos no creen en la Biblia completa. Dicen que el libro de Génesis es un mito y que Jonás es una alegoría. Incluso cuestionan los milagros del Hijo de Dios. Dicen que la doctrina de la oración es antigua y pasada de moda y hablan con condescendencia de la obra del Espíritu Santo. Creen que es innecesaria la conversión y ya no creen en el infierno. Miremos las tendencias y los errores que han surgido a partir de esta pérdida de fe: la cientología cristiana, el unitarismo, el espiritualismo, el universalismo, la sanación metafísica, etc. Es una perfecta mezcla y confusión de doctrinas de demonios.

- Veamos el estado espiritual de la Iglesia. La mundanalidad se extiende entre los miembros de la Iglesia. Muchos de los miembros de la Iglesia corren tras las riquezas como lo hace cualquiera. Usan los métodos del mundo para acumular riqueza y se aferran a ella como lo haría cualquiera también.

La falta de oración abunda entre los miembros de las iglesias dondequiera que mires. En promedio, los cristianos no pasan más de cinco minutos al día en oración. Ya no estudian la Palabra de Dios y esto va de la mano con la poca dedicación a la oración. Muchos cristianos pasan cada día el doble de tiempo en los pantanos de los periódicos y las noticias, en comparación con el que dedican a las aguas salvadoras de la Santa Palabra de Dios. ¿Cuántos cristianos pasan un promedio de una hora al día estudiando la Biblia?

Junto con la falta de oración y de estudio de la Palabra de Dios, está la falta de generosidad. Las iglesias aumentan en riqueza rápidamente, pero las sociedades misioneras no tienen dinero. Los cristianos no dan mucho dinero a las misiones en el extranjero. Es sencillamente apabullante.

Luego está la creciente falta de consideración al Día del Señor. Se está convirtiendo velozmente en un día de placeres terrenales y no, de servicio santo. El periódico de los domingos con tus huecas trivialidades y sucios escándalos ocupa el lugar de la Biblia, y los viajes, las compras, el golf y el ejercicio físico ocupan el lugar de la escuela dominical, de la búsqueda de Dios, y de animarse los cristianos los unos a los otros en santidad.

Los cristianos se mezclan con el mundo en toda forma de diversión cuestionable. Se considera que son ridículos y anticuados los jóvenes que no creen en el baile con sus ofensivas faltas de modestia, en los juegos de naipes con su atracción a las apuestas, y en el teatro con su creciente seducción a la lujuria y otros pecados.

¡Es muy pequeña la proporción de quienes se profesan cristianos y que realmente han entrado en comunión con Jesucristo en Su amor por las almas! Ya hemos dicho lo suficiente sobre la condición espiritual de la Iglesia.

Ahora miremos el estado del mundo

- Notemos qué pocas conversiones hay. La

Iglesia metodista, que antes solía liderar en la pujante obra de evangelización y oposición al pecado, en realidad este último año ha perdido más miembros de los que ha ganado. Cada tanto vemos una iglesia con un creciente número de asistentes porque la gente ha dejado otras iglesias, pero son raras excepciones. Incluso allí donde hay profesión de conversión, no es común que las conversiones sean profundas, completas, y perdurables.

- Falta convicción del pecado. Pocas veces se siente abrumada la gente por el sentido de su terrible culpa al pisotear al Hijo de Dios. Al pecado se lo considera "un infortunio" o "una debilidad" y hasta "un error", y casi nunca una terrible y enorme ofensa contra un Dios santo.

- Hay incredulidad por todos lados. Para muchos, rechazar la Biblia y hasta rechazar la fe en Dios y la inmortalidad equivale a señal de superioridad intelectual. Es casi la única señal de superioridad intelectual que muchos tienen o muestran, y tal vez sea esa la razón por la que se aferran a ella con tal tenacidad.

- De la mano con la infidelidad tan común va la flagrante inmoralidad, como siempre ha sucedido. La infidelidad y la inmoralidad son gemelas siamesas. Siempre existen, crecen, y se difunden juntas. La inmoralidad prevalece y la encontramos dondequiera que miremos.

Veamos ese adulterio legalizado que llamamos divorcio. Los hombres se casan con una esposa tras otra y siguen siendo admitidos en la buena sociedad. Las mujeres hacen lo mismo. Hay miles de hombres supuestamente respetables en los Estados Unidos que viven con las esposas de otros hombres y miles de mujeres supuestamente respetables que viven con los esposos de otras. Ni siquiera los solteros sienten vergüenza de ser inmorales y convivir en pecado.

Encontramos esta inmoralidad en las obras de teatro. El teatro, en el mejor de los casos, ya es bastante malo, pero ahora la inmoralidad, la falta de modestia, lo profano y todos los indecibles males del escenario son los que mandan y se defiende en los periódicos a las mujeres que se rebajan a sí mismas al aparecer en esas obras, y gente supuestamente respetable les da la bienvenida.

Hay una gran porción de nuestra literatura que está podrida, pero creo que incluso los creyentes leerán libros repletos de pecado porque son populares. El arte a menudo no es más que un velo o una cubierta de la más vergonzosa indecencia. A las mujeres se las induce a echar la modestia al viento para que el artista pueda perfeccionar su arte y ensuciar su moral.

La codicia por el dinero se ha convertido en manía para los ricos y los pobres. El multimillonario está dispuesto a vender su alma y pisotear los derechos de sus congéneres en la absurda esperanza de llegar a ser billonario, y el trabajador podrá robar, mentir, engañar o hace lo que sea con tal de incrementar su salario y poder. Se libran guerras y se mata a los hombres como a perros para mejorar el comercio y ganar prestigio político para políticos sin principios, que desfilan como si fueran estadistas.

La falta de modestia y la inmoralidad de nuestro tiempo levantan su cabeza de serpiente donde mires. Lo ves en los periódicos, en los carteles de la calle, en los avisos publicitarios y en todo lugar. Lo ves en las calles por las noches. Lo ves justo fuera de la puerta de la iglesia. Lo encontrarás no solo en las terribles cloacas donde se ubican estas cosas en las grandes ciudades, sino también cada vez más en nuestras calles comerciales y en las áreas residenciales de nuestras ciudades. Y si miras con atención, lo encontrarás incluso en hogares que supuestamente son respetables. Te llegan noticias de su extensión en la confesión de hombres y mujeres con corazones rotos. La condición moral del mundo en esta época da asco y apabulla.

Necesitamos un reavivamiento profundo, que lo abarque todo, que sea general y que venga en el poder del Espíritu Santo. Lo que se necesita es un reavivamiento general porque de otro modo todo llevará a la destrucción de la Iglesia, el hogar y el estado. La cura para esto es un reavivamiento, nueva vida dada por Dios. Es la única cura que pondrá freno a la terrible difusión de la inmoralidad y la incredulidad. No lo harán los meros argumentos sino un viento del Cielo, un nuevo derramamiento del Espíritu Santo; lo hará un verdadero reavivamiento enviado por Dios.

La incredulidad, la crítica a la Biblia, la cientología cristiana, el espiritualismo, el universalismo y todos los falsos caminos caerán ante el derramamiento del Espíritu de Dios. No fue el debate sino el aliento de Dios lo que hizo que Thomas Paine, Voltaire, Volney[7] y otros infieles cayeran en el olvido. Necesitamos nuevo aliento de Dios, que envíe más hombres como Elías, Jonathan Edwards, George Whitefield y otros para predicar la Palabra de Dios en el poder de Dios una vez más en los EE. UU., Inglaterra, Gales, Canadá, Alemania, Irlanda y el mundo entero. Oro porque llegue ese aliento de Dios.

Hoy la gran necesidad es la de un reavivamiento general. Es una necesidad clara. No deja lugar a diferencias de opinión. ¿Qué haremos entonces? Orar.

---

7   Francois-Marie Voltaire (1694-1778), conocido por su oposición al cristianismo y la Biblia.
     Constantin François de Chassebœuf, conde de Volney (1757-1820), fue uno de los primeros escritores modernos en apoyar la teoría de que Jesucristo fue una figura mítica.

Tomemos la oración del salmista pidiendo que Dios nos reavive una vez más *para que Tu pueblo se regocije en Ti* (Salmos 85:6). Tomemos la oración de Ezequiel: *Ven de los cuatro vientos, oh espíritu, y sopla sobre estos muertos, y vivirán* (Ezequiel 37:9). ¡Escuchen! ¡Oigo algo! ¡Vean cómo se estremece todo! Casi puedo sentir la brisa en mi mejilla. Casi puedo ver el gran ejército viviente que se pone de pie. ¿No oraremos, una y otra vez, hasta que venga el Espíritu y Dios reviva a Su pueblo?

Capítulo 12

El lugar de la oración, antes y durante los reavivamientos

No sería completo el tratamiento del tema de cómo orar si no consideramos el lugar de la oración en los reavivamientos. El primer gran reavivamiento en la historia cristiana se originó del lado humano, en una reunión de oración que duró diez días. Leemos que un grupito de discípulos *estaban unánimes, entregados de continuo a la oración* (Hechos 1:14).

Sobre el resultado de esa reunión de oración leemos en Hechos 2: *Todos fueron llenos del Espíritu Santo y comenzaron a hablar en otras lenguas, según el Espíritu les daba habilidad para expresarse* (Hechos 2:4). Y más adelante en el mismo capítulo leemos que *entonces los que habían recibido su palabra fueron bautizados; y se*

añadieron aquel día como 3.000 almas (Hechos 2:41).
Ese reavivamiento demostró ser genuino y permanente.
Los que se habían *convertido se dedicaban continuamente a las enseñanzas de los apóstoles, a la comunión,
al partimiento del pan y a la oración* (Hechos 2:41). *Y el
Señor añadía cada día al número de ellos los que iban
siendo salvos* (Hechos 2:47).

Todo verdadero reavivamiento, a partir de ese día
y hasta hoy, tuvo su origen terrenal en la oración. El
gran reavivamiento bajo el pastor Jonathan Edwards
en el siglo XVIII comenzó con su famoso llamado a
la oración. En la misma época, la maravillosa obra
de gracia entre los nativos norteamericanos bajo el
misionero David Brainerd tuvo su origen en los días y
las noches que Brainerd pasaba ante Dios en oración
pidiendo poder de lo alto para su obra.

En Rochester, Nueva York, bajo los esfuerzos de
Charles G. Finney[8] en 1830, hubo un enorme y notable
despliegue del poder de reavivamiento de Dios. No solo
se extendió por todo el estado, sino que finalmente llegó
también hasta Gran Bretaña. El Sr. Finney atribuyó el
poder de esta obra al espíritu de oración que prevale-
cía. En su autobiografía lo describe con estas palabras:

> *Cuando estaba viajando a Rochester, pasa-
> mos por una villa a unos cuarenta y cinco
> kilómetros al este de nuestro destino y allí*

8   Líder del llamado "segundo gran despertar cristiano" de Estados
     Unidos en el siglo XIX, considerado el más importante restauracionista.

*un hermano ministro a quien conocía me
vio a bordo del bote del canal, y dando un
saltito se subió para conversar un momento
conmigo y navegar a lo largo de un corto
tramo y luego saltar a tierra nuevamente.
Sin embargo, se interesó tanto en la conversación y, enterándose de adónde me dirigía,
decidió ir conmigo a Rochester.*

*A pocos días de haber llegado a Rochester,
el ministro ya estaba bajo una convicción
tan grande que no podía evitar el llanto en
voz alta al andar por la calle. El Señor le
dio un poderoso Espíritu de oración y su
corazón se había quebrantado. Como él y
yo orábamos mucho juntos me impactó su
fe en lo que Dios iba a hacer en el lugar.
Recuerdo que este ministro decía: "Señor,
no sé cómo será, pero me parece saber
que vas a hacer una obra grande en esta
ciudad". El Espíritu de oración se derramó
de manera potente al punto de que algunas personas se apartaban de los servicios
públicos para orar porque no podían conte-
ner sus sentimientos durante la predicación.*

*Aquí debo mencionar el nombre de un
hombre a quien voy a referirme con*

*frecuencia más adelante: el señor Abel
Clary. Este era el hijo de un hombre excelente y anciano de la iglesia en la que me
convertí. Abel Clary se convirtió en el
mismo reavivamiento en el que yo me convertí. Tenía licencia para predicar, pero su
Espíritu de oración era tan potente que su
carga por las almas no le dejaba predicar
mucho. La mayor parte de su tiempo y sus
fuerzas las entregaba en oración. El peso en
su alma era a menudo tan grande que no
podía mantenerse en pie y le hacía retor-
cerse y gemir en agonía. Yo lo conocía muy
bien y sabía de ese maravilloso Espíritu de
oración que estaba sobre él. Era un hombre muy silencioso, al igual que casi todas
las personas que tienen el mismo poderoso
Espíritu de oración.*

*Me enteré de que se encontraba en
Rochester y un caballero que vivía como a
un kilómetro y medio hacia el este de la ciudad me visitó un día y preguntó si conocía a
un ministro llamado Abel Clary. Respondí
que le conocía muy bien y entonces me dijo:*

*— Pues bien, él está en mi casa desde hace
un tiempo y no sé qué pensar de él.*

Le dije que no le había visto en ninguna de nuestras reuniones.

— No — respondió el hombre. — Dice que él no puede ir a las reuniones. Ora casi todo el tiempo, día y noche, y lo hace con tanto fervor sufriente que no sé qué pensar. A veces casi no puede mantenerse de rodillas y queda postrado en el suelo gimiendo y orando de la forma más sorprendente.

Le dije a ese hermano:

— Entiendo. Por favor, sea paciente. Todo saldrá bien, de seguro el hermano Clary prevalecerá.

Yo sabía ya de un considerable número de hombres que estaban en la misma situación.

Un diácono llamado P, de Camden, en el condado de Oneida; otro diácono de apellido T en Rodman, en el condado de Jefferson; un diácono B, de Adams en ese mismo condado; y con ellos este señor Clary a quien me he referido y muchos otros hombres y un gran número de mujeres

participaban de ese mismo Espíritu y pasa-
ban gran parte de su tiempo en oración.
El padre Nash, un ministro que acudía
a varios de mis campos de trabajo y me
ayudaba, era otro de esos hombres con tan
poderoso Espíritu de oración que preva-
lece. Este señor Clary se quedó en Rochester
mientras yo estuve allí y no se marchó hasta
mi partida. Que yo sepa nunca apareció en
público, sino que se entregó por completo a
la oración.

Creo que fue en el segundo domingo que
observé en medio de la congregación el
rostro solemne del Sr. Clary. Se veía como
consumido, con una agonía de oración.
Como lo conocía bien y sabía también del
gran don de Dios que estaba sobre él, aquel
Espíritu de oración, me alegró mucho verle.
Estaba sentado en el banco junto a su her-
mano el médico, quien también profesaba
la religión, pero que me parece que no sabía
por experiencia del gran poder que tenía su
hermano con Dios.

Durante un intervalo de descanso, ape-
nas bajé del púlpito, Abel y su hermano
médico se encontraron conmigo junto a los

escalones del púlpito. El doctor me invitó a
su casa para pasar ese intervalo con ellos y
tomar unos refrigerios. Eso hice.

Al llegar a la casa se nos llamó a la mesa
de comedor. Sentados en torno a la mesa,
el doctor Clary se volvió hacia su hermano
y le dijo: "Hermano Abel, ¿podrías pedir
la bendición?". El hermano Abel bajó la
cabeza y empezó a orar por la bendición en
voz alta. Pero después de una o dos fra-
ses, se quebró. De inmediato se levantó de
la mesa y huyó a su habitación. El doctor
supuso que se había sentido mal de repente
y se levantó para ir con él. Momentos más
tarde volvió a la mesa y dijo:

— Señor Finney, el hermano Abel desea
verle.

— ¿Qué le aflige?

— No lo sé—, dijo el médico —pero dice que
usted sí lo sabe. Parece estar muy angus-
tiado, pero creo que es un estado mental.

Lo entendí al instante, así que dejé la mesa
y fui a verle a su habitación. Abel Clary

*yacía sobre la cama gimiendo y movién-
dose de un lado al otro; el Espíritu estaba
haciendo intercesión por él y en él con gemidos indecibles. Apenas había entrado a su
habitación cuando escuché que decía: "Ore,
hermano Finney". Me arrodillé y le ayudé a
orar, guiando su alma por la conversión de
los pecadores. Seguí orando hasta que ya no
estuvo angustiado y volví a la mesa.*

*Entendí que esa había sido la voz de Dios.
Pude ver el Espíritu de oración sobre él.
Sentí su influencia sobre mí y di por sentado entonces que la obra en el lugar sería
potente. Y sí que lo fue. El pastor me dijo
luego que halló que en las seis semanas que
yo había pasado allí se habían convertido
quinientas almas.*[9]

El Sr. Finney, en su libro *Discursos sobre el avivamiento*,
habla de otros reavivamientos notables en respuesta a
las oraciones del pueblo de Dios. Y dice:

*Un pastor me contó una vez de un aviva-
miento entre su grey, que había comen-
zado con una mujer celosa en la fe y de*

---

9   Traducción libre al español de extracto de *The Autobiography of
     Charles G. Finney: The Life Story of America's Greatest Evangelist-
     -In His Own Words* **de** Charles G. Finney (autor) por Helen Wessel
     (2006). Ed. Bethany House ISBN 9780764201561.

gran piedad de la Iglesia. Esta mujer sentía ansia por los pecadores y se entregó a orar por ellos; oró y su aflicción aumentó y finalmente fue a su pastor y habló con él, pidiéndole que convocara una reunión para personas interesadas, porque sentía que era necesario. El pastor no compartió su opinión, porque él no sentía que hubiera esta necesidad.

La semana siguiente ella fue a verle otra vez y le rogó que convocara esta reunión. Ella sabía que alguien acudiría, porque sentía que Dios iba a derramar su Espíritu. El pastor se negó otra vez.

Finalmente ella le dijo: "Si usted no convoca la reunión, yo voy a morir, porque no me cabe la menor duda que va a haber un avivamiento". El domingo siguiente el pastor convocó la reunión y dijo que si algunos deseaban conversar con él sobre la salvación de su alma, podrían reunirse con él una noche de la semana, que indicó. No sabía que hubiera nadie interesado, pero cuando se dirigió al lugar de la reunión se quedó aturdido al ver una gran cantidad de personas ansiosas de inquirir.

Y en otro de sus escritos, relata:

> *El primer rayo de luz que resplandeció en*
> *las tinieblas que posaban sobre las iglesias*
> *del condado Oneida[10], en el otoño del año*
> *1825, apareció desde una mujer enferma.*
> *Ella nunca había visto un avivamiento*
> *de gran magnitud, pero su alma empezó*
> *a sentir la carga por los perdidos. Luego,*
> *comenzó a agonizar por ellos. De hecho, ella*
> *misma no entendía lo que pasaba consigo,*
> *sin embargo se entregó a la oración más*
> *y más, hasta que le pareció que la agonía*
> *que sentía destruiría su cuerpo. Pero, con el*
> *tiempo, persistiendo en la oración, el gozo le*
> *llenó y ella exclamó en voz alta:*
>
> *—¡Dios ha llegado! ¡Dios ha llegado!¡No hay*
> *duda alguna, ¡la obra ya ha comenzado y*
> *está extendiéndose sobre toda esta región!*
>
> *Así el avivamiento brotó en su propio hogar*
> *y casi toda su familia se convirtió. Luego,*
> *el fuego pasó a toda la comunidad y a la*
> *región alrededor.[11]*

---

10 N. de T.: ubicado en el estado de Nueva York.

11 Charles Finney, *Discursos sobre el avivamiento,* disponible en línea en https://www.elcristianismoprimitivo.com/Discursos%20sobre%20 el%20avivamiento.pdf. Acceso el 27 de junio de 2024.

El gran reavivamiento de 1857 en los Estados Unidos comenzó en la oración y se prolongó por la oración, más que por cualquier otra cosa. Hace unos años, en un artículo publicado en un periódico religioso, el Dr. Cuyler[12] escribió lo siguiente:

> La mayoría de los reavivamientos tienen inicios humildes y el fuego se inicia en unos pocos corazones cálidos. Jamás despreciemos las cosas pequeñas. Durante mi extenso ministerio casi todas las obras de gracia han tenido comienzos similares. Una comenzó en una reunión que se hizo, con aviso de pocas horas, en una casa privada. Otra comenzó en un grupo que el Sr. Moody reunió para estudiar la Biblia en la capilla de nuestra misión. Y otra más —la más potente de todas — se inició una fría noche de enero en una reunión de jóvenes cristianos, bajo mi techo. El Dr. Spencer, en su libro *Pastor's Sketches*[13], nos dice que en su iglesia surgió un notable reavivamiento por las fervientes oraciones de un devoto anciano confinado a su habitación debido a que no podía caminar. Ese profundo cristiano, el Dr. Thomas H. Skinner,

---

12   N. de T.: el autor se refiere a Theodore Ledyard Cuyler, ministro y escritor presbiteriano.

13   N. de. T: este libro del predicador estadounidense Ichabod Spencer no tiene versión en español. El título significa "Esbozos de un pastor".

del Seminario Teológico de la Unión, me contó una vez sobre una reunión de tres hombres devotos en su escritorio cuando él era pastor de la Iglesia de la Calle Arch de Filadelfia. Literalmente, luchaban en oración. Confesaron completamente su pecado y se humillaron ante Dios. Llegaron unas autoridades de la iglesia y se unieron a ellos. La llama encendida desde el Cielo muy pronto se esparció por toda la congregación en uno de los reavivamientos más potentes que se hayan visto en esa ciudad.

En los primeros años del siglo XVI hubo un gran reavivamiento religioso en Ulster, Irlanda. Las tierras de los líderes rebeldes entregadas a la corona británica estaban ocupadas por un grupo de colonos, gobernados en su mayoría por un espíritu de loca aventura. Rara cosa era la piedad verdadera. En ese lugar se establecieron siete ministros: cinco de Escocia y dos de Inglaterra. Los primeros llegaron allí en 1613.

Alguien del lugar registró que en ese momento uno de los ministros, un hombre llamado Blair, "pasó muchos días y noches en oración, a solas y con otros, experimentando gran cercanía e intimidad con Dios". El Sr. James Glendenning, hombre de muy limitados dones naturales, pensaba de modo parecido en cuanto a la oración. La obra comenzó con el Sr. Glendenning.

El historiador de la época dice: "Era un hombre que jamás habría elegido una sabia asamblea de ministros, ni le habrían enviado a comenzar una reforma en esas tierras. Sin embargo, fue decisión del Señor usarlo para dar inicio a la admirable obra de Dios que menciono a propósito para que todos puedan ver cómo la gloria le pertenece solamente al Señor al formar una nación santa en esta tierra profana y *no por el poder ni por la fuerza, sino por Mi Espíritu* (Zacarías 4:6).

En su predicación en Oldstone, una multitud de oyentes se sintió incómoda, con gran terror de conciencia. Se miraban, como perdidos y condenados. Y clamaron, como en Hechos 2:37: *"Hermanos, ¿qué haremos?"*. Cayeron al suelo, golpeados por el poder de la Palabra de Dios. En un solo día sacaron de allí a doce, que estaban como muertos. Y no eran mujeres, sino algunos de los espíritus más valientes del lugar, "algunos de los cuales no habían temido usar sus espadas para inspirar miedo en el mercado del pueblo". En cuanto a uno de ellos, escribe lo siguiente este historiador: "Oí decir a uno de ellos, un hombre grande y fuerte, pero ahora un potente cristiano, que su propósito al venir a la iglesia era debatir con sus compañeros qué desastres podrían hacer".

Esta obra se difundió por todo el país. Para 1626, se realizaba una reunión de oración mensual en Antrim. Esa obra traspasó los límites de Down y Antrim y llegó a las iglesias de los condados vecinos. Tan grande llegó a ser el interés religioso que los cristianos venían de lugares que distaban a unos cincuenta a sesenta y cinco kilómetros para las comuniones y permanecían allí hasta regresar a sus casas, sin dormir ni sentir cansancio. Muchos de ellos no comían ni bebían y, sin embargo, algunos declaraban que "se habían ido renovados, con vigor, y sus almas llenas de Dios". Este reavivamiento cambió por completo el carácter de Irlanda del Norte.

Otro gran reavivamiento de Irlanda, en 1859, tuvo inicios algo parecidos. Muchos no lo sabían y pensaban que la maravillosa obra había llegado sin preparativo ni aviso alguno, pero el reverendo William Gibson, moderador de la Asamblea General de la Iglesia Presbiteriana de Irlanda en 1860, en su interesante y valiosa historia de la obra, nos dice que habían estado preparándose durante dos años.[14]

En la Asamblea General habían estado debatiendo constantemente sobre el decaimiento del cristianismo y la necesidad de un reavivamiento. Habían hecho sesiones especiales de oración. Finalmente cuatro jóvenes, que luego fueron los líderes de los inicios de la gran obra, empezaron a reunirse en la vieja escuela cercana a Kells.

Cerca de la primavera de 1858 empezó a manifestarse una obra de poder. Se propagó de pueblo en pueblo y de condado en condado. Las congregaciones llegaron a ser demasiado grandes como para entrar en los edificios y las reuniones se hacían al aire libre. A menudo asistían miles de personas. Centenares se convencían

---

14   *The Year of Grace: A History of the Ulster Revival of 1859*. [El año de la gracia: historia del reavivamiento de Ulster de 1859], de William Gibson. Editor Andrew Elliot, 1860. ISBN: 0873771818, 9780873771818

del pecado en una misma reunión. En algunos lugares se cerraron los tribunales penales y las cárceles porque no había delincuentes. Había demostraciones del poder del Espíritu Santo que eran notables y probaban con claridad que el Espíritu Santo está dispuesto a obrar hoy como lo hacía en tiempos apostólicos siempre que los pastores y otros cristianos realmente crean en Él y empiecen a preparar el camino con la oración.

La maravillosa obra del Sr. Moody en Inglaterra, Escocia e Irlanda, que luego llegó hasta los Estados Unidos de América, tuvo su origen humano en la oración. La obra del Sr. Moody no progresó mucho hasta que hubo hombres y mujeres que empezaron a clamar a Dios. De hecho, su viaje a Inglaterra fue en respuesta al persistente clamor a Dios de parte de un santo que estaba confinado a su cama.

Mientras continuaba el espíritu de oración, el reavivamiento se mantuvo con fuerza. Pero con el tiempo, hubo cada vez menos oración y la obra decayó en poder visiblemente. Sin dudas, uno de los grandes secretos de la debilidad, superficialidad y falta de realidad de muchos de los así llamados reavivamientos modernos es que se depende más de la planificación humana que del poder de Dios. Tenemos que buscar y obtener este poder mediante la oración sincera, persistente y de fe.

Vivimos en una época que se caracteriza por la multiplicación de los métodos humanos mientras rechazamos y seguimos ignorando el poder de Dios.

Hoy el gran clamor es trabajo, trabajo, trabajo, con nuevas organizaciones, nuevos métodos y nuevos sistemas. La gran necesidad de hoy es la oración. El diablo concretó su golpe maestro al lograr que la Iglesia dejara de lado tan en general el arma tan potente de la oración. El diablo está perfectamente dispuesto a que la Iglesia multiplique sus organizaciones y desarrolle inteligentes métodos y planes para conquistar el mundo para Cristo, siempre y cuando abandone la oración.

Satanás ríe al mirar a la Iglesia de hoy y se dice a sí mismo: "Hagan sus escuelas dominicales y sus grupos de jóvenes, sus programas para chicos y chicas, sus escuelas bíblicas de verano, sus escuelas cristianas, sus megaiglesias, sus retiros, sus programas de música, tengan predicadores brillantes e incluso sigan con sus esfuerzos de reavivamiento, siempre y cuando no hagan venir el poder de Dios Todopoderoso mediante la oración sincera, persistente, oración en fe y potente".

La oración podría producir hoy resultados igual de maravillosos que los que produjo siempre si tan solo la Iglesia se decidiera por la oración ferviente, sincera, incesante, en serio, con fe, potente, bíblica y honrando a Dios. Parece haber señales crecientes de que los cristianos están despertando a esto. Aquí y allá, Dios está poniendo en pastores e iglesias la carga de la oración que para ellos es nueva. Ya no están dependiendo tanto de los métodos y empiezan a depender más de Dios. Algunos pastores claman a Dios día y noche pidiendo poder. Las iglesias, y partes de las iglesias, se reúnen temprano por las mañanas y tarde por las noches, clamando a Dios por el reavivamiento y el poder del Espíritu de Dios.

Hay toda clase de indicaciones de la venida de un reavivamiento potente y extendido. Y hay toda clase de razones para pensar que si en este momento hubiera un reavivamiento en cualquier país, sería más amplio en su extensión que cualquier otro reavivamiento en la historia. Hoy todo es más veloz y cercano: los viajes, la publicación de material escrito, la tecnología y comunicación llegan a todos los rincones del mundo. Lo único que hace falta para que llegue este fuego es la oración.

No es necesario que la Iglesia en su totalidad ore para que se inicie. Los grandes reavivamientos siempre empiezan primero en los corazones de unos pocos hombres y mujeres a quienes Dios con Su Espíritu levanta para que crean en Él como un Dios vivo, como un Dios que responde a la oración; personas en cuyos corazones Dios pone una carga de la que no pueden desprenderse ni descargarla, a menos que sea con persistente clamor a Dios.

Espero que Dios use este libro para inspirar a muchos otros a orar porque venga el reavivamiento que tanto necesitamos, y que venga pronto. Y que Dios mueva tu corazón a que seas de esos que reciben la carga para orar por el verdadero reavivamiento, hasta que Dios responda a tu oración.

Oremos.

R. A. Torrey – Breve biografía

Reuben A. Torrey fue autor, conferencista, pastor, evangelista, decano de un instituto bíblico y más. Reuben Archer Torrey nació en Hoboken, Nueva Jersey, el 28 de enero de 1856. Se graduó de la Universidad de Yale en 1875 y de la Yale Divinity School en 1878, cuando se convirtió en pastor de una iglesia congregacional en

Garrettsville, Ohio. Torrey se casó con Clara Smith en 1879, con quien tuvo cinco hijos.

En 1882 viajó a Alemania, donde estudió en las universidades de Leipzig y Erlangen. Al regresar a los Estados Unidos, R. A. Torrey fue pastor en Minneapolis y también estuvo a cargo de la Sociedad Congregacional Misionera de la Ciudad. En 1889, D. L. Moody llamó a Torrey para que dirigiera su Sociedad de Evangelización de Chicago, que más tarde se convirtió en el Instituto Bíblico Moody. A partir de 1894, Torrey también fue pastor de la Iglesia de la Avenida Chicago, que más tarde se llamó Iglesia Memorial Moody. Fue capellán de la Asociación Cristiana de Jóvenes (YMCA, por sus siglas en inglés) durante la Guerra hispano-estadounidense y también fue capellán durante la Primera Guerra Mundial.

Torrey viajó por todo el mundo liderando giras de evangelización, predicando a los que no eran salvos. Se cree que más de cien mil personas fueron salvas gracias a su predicación. En 1908 ayudó a iniciar la Conferencia Bíblica de Montrose en Pensilvania, que continúa en la actualidad. Se convirtió en decano del Instituto Bíblico de Los Ángeles (ahora Universidad de Biola) en 1912 y fue pastor de la Iglesia de la Puerta Abierta en Los Ángeles de 1915 a 1924.

Torrey continuó hablando por todo el mundo y celebrando conferencias bíblicas. Murió en Asheville, Carolina del Norte, el 26 de octubre de 1928.

R. A. Torrey fue un evangelista y ganador de almas muy activo, que hablaba a la gente acerca de sus almas dondequiera que fuese, en público y en privado, buscando llevar a los perdidos a Jesús. Fue autor de más de cuarenta libros, entre ellos *Cómo orar, Cómo estudiar la Biblia para obtener mayor provecho, Cómo obtener la plenitud del poder en la vida y el servicio cristianos* y *¿Por qué Dios usó a D. L. Moody?* Además, ayudó a editar la obra de doce volúmenes sobre los fundamentos de la fe, titulado *The Fundamentals*. También era conocido como un hombre de oración y sus enseñanzas, predicaciones, escritos y toda su vida demostraron que caminaba estrechamente con Dios.

También Por Aneko Press

Jesús Vino Para Salvar a los Pecadores,
por Charles H. Spurgeon

Jesús vino a salvar a Pecadores es una conversación de corazón a corazón con el lector. A través de sus páginas, se examina y se trata debidamente cada excusa, cada razón y cada obstáculo para no aceptar a Cristo. Si crees que eres demasiado malo, o si tal vez eres realmente malo y pecas abiertamente o a puerta cerrada, descubrirás que la vida en Cristo también es para ti. Puedes rechazar el mensaje de salvación por la fe, o puedes elegir vivir una vida de pecado después de decir que profesas la fe en Cristo, pero no puedes cambiar la verdad de Dios tal como es, ni para ti ni para los demás. Este libro te lleva al punto de decisión, te corresponde a ti y a tu familia abrazar la verdad, reclamarla como propia y ser genuinamente liberado para ahora y para la eternidad. Ven, y abraza este regalo gratuito de Dios, y vive una vida victoriosa para Él.

Disponible donde se venden libros

Cómo Estudiar la Biblia, por Dwight L. Moody

No hay ninguna circunstancia en la vida para la que no puedas encontrar alguna palabra de consuelo en las Escrituras. Si estás en aflicción, si estás en adversidad y prueba, hay una promesa para ti. En la alegría y en la tristeza, en la salud y en la enfermedad, en la pobreza y en la riqueza, en toda condición de la vida, Dios tiene una promesa guardada en Su Palabra para ti.

Este libro clásico de Dwight L. Moody trae a la luz la necesidad de estudiar las Escrituras, presenta métodos que ayudan a estimular el entusiasmo por las Escrituras, y ofrece herramientas para ayudarte a comprender los pasajes difíciles de las Escrituras. Para vivir una vida cristiana victoriosa, debes leer y entender lo que Dios te dice. Moody es un maestro en el uso de historias para ilustrar lo que está diciendo, y a través de estas páginas, tú serás inspirado y convencido a buscar la verdad en las páginas de la Palabra de Dios.

Disponible donde se venden libros

Siguiendo a Cristo, por Charles H. Spurgeon

No puedes tener a Cristo si no le sirves. Si aceptas a Cristo, debes aceptarlo en todas sus cualidades. No debes aceptarlo simplemente como un amigo, sino que también debes aceptarlo como tu Maestro. Si vas a convertirte en Su discípulo, también debes convertirte en Su siervo. Que Dios no permita que nadie luche contra esta verdad. Servir a nuestro Señor es ciertamente una de nuestras mayores delicias en la tierra, y ésta será nuestra gozosa vocación incluso en el mismo cielo: Sus siervos le servirán. Ellos verán su rostro (Apocalipsis 22:3-4).

Disponible donde se venden libros

La Vida Vencedora, por Dwight L. Moody

¿Eres de los que vencen? ¿O hay pequeños pecados que te acosan y te derrotan? O peor, ¿fallas en tu anduviera cristiano porque te niegas a admitirlos y ocuparte de ellos? Ningún cristiano puede darse el lujo de desoír el llamado a vencer. El costo terrenal es menor. Pero la recompensa eterna es inconmensurable.

Dwight L. Moody es un maestro en esto de desenterrar lo que nos perturba. Utiliza relatos y sentido del humor para sacar a la luz los principios esenciales de la vida cristiana exitosa. Nos muestra cada uno de los aspectos de la victoria desde un ángulo práctico y fácil de entender. La solución que Moody presenta para nuestros problemas no es la religión, ni las reglas, ni las correcciones externas. Más bien, nos lleva al corazón del asunto y prescribe remedios bíblicos, dados por Dios, para la vida de todo cristiano. Prepárate para vivir en auténtica victoria en el presente, y en el gozo para la eternidad.

Disponible donde se venden libros

Sembrar y Cosechar, por Dwight L. Moody

No podemos alejarnos del principio de que cosecharemos lo que sembramos. Si sembramos buena semilla, anticipamos una gran cosecha. Pero si sembramos cizaña, no cosecharemos nada diferente de lo que sembramos. Lo mismo ocurre en el plano espiritual y en el práctico. Si queremos una recompensa en el cielo, debemos vivir para Cristo. Por otro lado, si mentimos, engañamos, juramos, robamos, nos emborrachamos, consumimos drogas o satisfacemos los deseos de la carne, la realidad es que pagaremos las consecuencias tanto ahora como en la eternidad. Por mucho que la sociedad intente convencernos de lo contrario, esta ley ha demostrado ser cierta sin fallar.

Disponible donde se venden libros